AF191725

Thomas Kalkus-Promitzer

Emotionen verstehen und meistern
Wege zur inneren Balance

Psychosoziale Impulse, Band 5

FSC
www.fsc.org
MIX
Papier aus ver-
antwortungsvollen
Quellen
Paper from
responsible sources
FSC® C105338

Impressum

© 2025 Thomas Kalkus-Promitzer - www.meintom.at
Covergestaltung: DI Konrad Promitzer - www.kpdesign.at

Bibliografische Information der Deutschen Nationalbibliothek: Die Deutsche Nationalbibliothek verzeichnet diese Pub-
likation in der Deutschen Nationalbibliografie; detaillierte
bibliografische Daten sind im Internet über
http://dnb.dnb.de abrufbar.

Verlag: BoD · Books on Demand GmbH, Überseering 33,
22297 Hamburg, bod@bod.de

Druck: Libri Plureos GmbH, Friedensallee 273,
22763 Hamburg

ISBN: 978-3-7693-6720-1

Inhaltsverzeichnis

I

Warum Emotionen unser Leben bestimmen

Stell dir vor, du wachst eines Morgens auf und verspürst nichts. Keine Freude über den neuen Tag, keine Neugier auf das, was kommen mag, kein Unmut über das Klingeln des Weckers. Du stehst auf, doch es fehlt an Motivation, an innerem Antrieb. Keine Zweifel, keine Vorfreude auf den ersten Schluck Kaffee. Alles wirkt mechanisch, leer, leblos. In solchen Momenten wird deutlich, welch zentrale Rolle Emotionen für unser Erleben spielen. Ohne sie verliert das Leben seine Farbe, seine Tiefe, seinen Sinn.

Emotionen sind der unsichtbare Puls unseres Daseins. Sie sind nicht nur ein Teil unserer Erfahrungen, sondern das Fundament, auf dem unser gesamtes Leben ruht. Sie bestimmen, wie wir denken, fühlen, handeln und wie wir uns mit anderen Menschen verbinden. Unsere Entscheidungen, unser Verhalten, unsere Beziehungen – sie alle sind durchdrungen von emotionalen Impulsen.

Unsere Emotionen sind ein evolutionäres Erbe. Seit Anbeginn der Menschheit halfen sie unseren Vorfahren, sich in einer gefährlichen Welt zurechtzufinden. Angst ließ sie fliehen, Wut verlieh Kraft zur Verteidigung, Zuneigung förderte den Zusammenhalt, Liebe sicherte das Überleben der Gruppe. Diese tief verankerten Muster wirken bis heute, selbst wenn sich unsere äußere Umwelt verändert hat.

Auch in der heutigen Welt folgen unsere emotionalen Reaktionen ähnlichen Mechanismen. Sie helfen uns, soziale Situationen zu deuten, Bedrohungen zu erkennen und Chancen zu nutzen. Ohne sie wären wir orientierungslos. Emotionen wirken wie ein innerer Kompass. Sie zeigen uns, was bedeutsam ist, was uns berührt oder erschüttert. Inmitten der Informationsflut, die täglich auf uns einströmt, filtern sie das heraus, was für uns in diesem Moment zählt.

Emotionen lenken nicht nur unsere Aufmerksamkeit, sie beeinflussen auch unser Gedächtnis. Studien zeigen, dass wir uns an Ereignisse, die mit starken Gefühlen verbunden sind, besonders gut erinnern. Vielleicht denkst du an die Geburt eines Kindes, an einen tiefen Verlust oder an einen persönlichen Meilenstein – solche Erinnerungen sind besonders lebendig. Die Ursache dafür liegt in unserem Gehirn, genauer gesagt in der Amygdala. Dieses mandelförmige Areal spielt eine zentrale Rolle bei der Verarbeitung und Speicherung emotionaler Erlebnisse. Es sorgt dafür, dass wir prägende Momente noch Jahre später abrufen können, als wären sie gerade erst geschehen.

Doch Emotionen formen nicht nur unsere Vergangenheit. Sie beeinflussen maßgeblich, wie wir in der Gegenwart Entscheidungen treffen. Selbst dann, wenn wir glauben, rein rational zu handeln, wirken unsere Gefühle mit. Stell dir vor, du überlegst, ob du eine neue berufliche Herausforderung annimmst oder lieber im gewohnten Umfeld bleibst. Natürlich wägst du Argumente ab. Doch gleichzeitig wirken Gefühle mit: die Angst vor Veränderung, die Hoffnung auf Erfüllung, die Unsicherheit, aber auch die Neugier.

Ob wir es merken oder nicht – unsere Gefühle sind die leisen Begleiter jeder Entscheidung. Sie lenken unsere inneren Prozesse, oft unterhalb der Schwelle des Bewusstseins. Auch auf körperlicher Ebene zeigen sich Emotionen deutlich. Herzrasen bei Aufregung, zittrige Hände bei Angst, ein flauer Magen nach schlechten Nachrichten – all das sind keine Zufälle. Es handelt sich um biologische Programme, die unseren Körper auf bestimmte Handlungen vorbereiten. Angst aktiviert das sympathische Nervensystem, setzt Adrenalin frei und steigert unsere Reaktionsbereitschaft. Freude hingegen beruhigt, fördert Entspannung und aktiviert das parasympathische System.

Emotionen sind also nicht nur flüchtige Gefühlsschwankungen, sondern eng mit unserem körperlichen Zustand verknüpft. Darüber hinaus wirken Emotionen als sozialer Kitt. Sie verbinden uns miteinander. Ohne Empathie gäbe es kein echtes Mitgefühl, keine Freude am Wiedersehen, keine tröstende Nähe in schwierigen Momenten. Emotionale Intelligenz – also die Fähigkeit, eigene und fremde Gefühle wahrzunehmen, zu verstehen und angemessen zu regulieren – ist ein zentraler Schlüssel zu erfüllten Beziehungen.

Diese Fähigkeit ist in Partnerschaften genauso wichtig wie im Berufsleben. Menschen mit hoher emotionaler Kompetenz führen oft mit mehr Einfühlungsvermögen, kommunizieren klarer und handeln auch in stressigen Situationen überlegt. Sie spüren, was andere bewegt, und begegnen ihrem Gegenüber auf Augenhöhe. So trägt emotionale Intelligenz nicht nur zur persönlichen Reife bei, sondern auch zu einem respektvollen, kooperativen

Miteinander. Sie fördert Verständnis, baut Brücken zwischen Menschen und schafft Vertrauen.

Wenn wir lernen, unsere Emotionen bewusster wahrzunehmen und mit ihnen in Beziehung zu treten, eröffnen sich neue Möglichkeiten. Wir gewinnen mehr Klarheit über unsere inneren Beweggründe, erkennen, was uns wirklich wichtig ist, und lernen, stimmiger mit uns selbst und anderen umzugehen. Denn letztlich sind es die Emotionen, die unser Leben lebendig machen. Sie inspirieren uns, motivieren uns, fordern uns heraus. Sie geben uns Tiefe und Bedeutung, berühren unser Herz und lassen uns wachsen. Wer seine Gefühle kennt, versteht und annehmen kann, gewinnt Freiheit. Und wer mit ihnen in Balance lebt, findet oft mehr Zufriedenheit.

Diese Reise beginnt nicht im Außen, sondern in deinem Inneren. Und sie lohnt sich. Denn ein Leben im Einklang mit den eigenen Gefühlen ist ein Leben voller Präsenz, Authentizität und innerer Stärke. Bist du bereit, dich auf sie einzulassen?

Emotionale Intelligenz als Schlüsselkompetenz

Emotionale Intelligenz ist weit mehr als ein Schlagwort in Ratgeberbüchern oder ein kurzfristiger Trend in Führungskräfteseminaren. Sie ist ein essenzieller Bestandteil unserer Persönlichkeit und beeinflusst, wie wir fühlen, denken, kommunizieren und handeln – in nahezu allen Lebensbereichen. Menschen mit hoher emotionaler Intelligenz verfügen über die Fähigkeit, ihre eigenen Gefühle zu erkennen, bewusst zu regulieren und sich zugleich in die emotionale Welt anderer hineinzuversetzen.

Doch was genau macht emotionale Intelligenz so bedeutsam, und wie zeigt sich ihr Wert in unterschiedlichen Kontexten unseres Lebens?

Ein zentraler Aspekt ist die Selbstwahrnehmung. Wer in der Lage ist, seine Emotionen im gegenwärtigen Moment wahrzunehmen, erlangt die Möglichkeit, nicht von ihnen gesteuert zu werden. Das bedeutet: In stressreichen Situationen nicht impulsiv zu reagieren, sondern innezuhalten, durchzuatmen und sich zu fragen, was gerade wirklich in einem vorgeht. Diese Fähigkeit schafft Raum für bewusstes Handeln, anstelle von reflexartigem Verhalten.

Selbstwahrnehmung bedeutet dabei mehr als nur zu wissen, ob man traurig, ärgerlich oder ängstlich ist. Sie beinhaltet auch das Erkennen tiefer liegender emotionaler Muster. Was bringt dich immer wieder aus dem Gleichgewicht? Welche inneren Glaubenssätze stecken dahinter? Warum trifft dich Kritik bestimmter Menschen stärker als andere? Je besser du dich selbst verstehst, desto eher kannst du hinderliche Denk- und Reaktionsmuster durchbrechen.

Die Fähigkeit zur Selbstregulation knüpft direkt daran an. Es geht darum, Gefühle nicht zu unterdrücken, sondern sie bewusst zu steuern. Das bedeutet nicht, ständig „positiv" zu denken oder unangenehme Emotionen zu verdrängen. Im Gegenteil: Selbstregulation heißt, angemessen mit Gefühlen umzugehen, sie zuzulassen und in eine konstruktive Richtung zu lenken. Wer das beherrscht, ist weniger anfällig für emotionale Kurzschlusshandlungen und kann auch in schwierigen Situationen gelassen bleiben.

Im zwischenmenschlichen Bereich zeigt sich emotionale Intelligenz besonders deutlich. Empathie, also die Fähigkeit, die Gefühle anderer wahrzunehmen und nachzuempfinden, schafft Verbindung. Menschen mit ausgeprägter Empathie hören besser zu, reagieren feinfühliger und schaffen ein Klima der Offenheit. Sie erkennen, wenn jemand Unterstützung braucht – auch ohne dass es ausgesprochen wird.

Empathie wirkt dabei nicht nur im privaten Bereich, etwa in Freundschaften oder Partnerschaften. Auch im Berufsleben ist sie ein wesentlicher Erfolgsfaktor. Führungskräfte, die empathisch sind, führen ihre Teams nicht nur effektiver, sondern auch menschlicher. Sie schaffen Vertrauen, erkennen Konflikte frühzeitig und ermöglichen eine Arbeitskultur, in der sich Menschen sicher fühlen.

Emotionale Intelligenz ist besonders in herausfordernden zwischenmenschlichen Situationen von großer Bedeutung. Stell dir eine Partnerschaft vor, in der Streit schnell eskaliert, weil niemand bereit ist, dem anderen zuzuhören oder eigene Gefühle ehrlich mitzuteilen. Emotionale Intelligenz befähigt dazu, solche Dynamiken zu durchbrechen. Sie ermöglicht es, aktiv zuzuhören, Wertschätzung auszudrücken, Missverständnisse zu klären und gemeinsam tragfähige Lösungen zu entwickeln.

Auch im Freundeskreis ist sie ein unsichtbares Bindemittel. Wer emotional intelligent ist, erkennt, wann jemand Rückzug braucht, wann ein Gespräch heilsam wäre oder wann stille Präsenz mehr Trost spendet als gut gemeinte Ratschläge. Gerade in Zeiten von Krisen und Unsicherheit zeigt sich der wahre Wert dieser Fähigkeit: Trost spenden, ohne zu bedrängen, und Halt geben, ohne die Autonomie des anderen zu verletzen.

Im Berufsalltag wirkt emotionale Intelligenz wie ein Schmiermittel im komplexen Getriebe zwischenmenschlicher Interaktionen. Studien zeigen, dass sie ein besserer Prädiktor für beruflichen Erfolg ist als ein hoher Intelligenzquotient. Mitarbeitende mit emotionaler Kompetenz sind kooperativer, anpassungsfähiger und oft erfolgreicher in der Zusammenarbeit.

Sie erkennen die emotionalen Signale ihres Umfelds, können mit Spannungen konstruktiv umgehen und tragen so zu einem positiven Klima bei. Führungskräfte mit hoher emotionaler Intelligenz schaffen es, ihre Mitarbeitenden zu inspirieren, auf Augenhöhe zu kommunizieren und Veränderungen gemeinsam zu gestalten. Sie wissen, wie man Menschen mitnimmt, statt sie zu übergehen.

Unternehmen, die emotionale Kompetenzen fördern, profitieren mehrfach. Die Mitarbeitenden sind nicht nur zufriedener und loyaler, sondern auch produktiver. Teams mit hoher emotionaler Intelligenz zeigen mehr Innovationskraft, arbeiten effektiver zusammen und gehen respektvoller miteinander um. Das wirkt sich langfristig auf das gesamte Betriebsklima aus – und damit auch auf den wirtschaftlichen Erfolg.

Ein Bereich, in dem die Wirkung emotionaler Intelligenz oft unterschätzt wird, ist die mentale Gesundheit. Wer in Kontakt mit seinen Gefühlen steht und gelernt hat, mit ihnen umzugehen, erlebt seltener emotionale Überforderung. Emotionale Intelligenz fördert Resilienz, also die Fähigkeit, Belastungen standzuhalten, ohne innerlich zu zerbrechen.

Menschen mit dieser Fähigkeit entwickeln im Umgang mit Stress gesündere Strategien. Sie erkennen früh, wenn ihnen etwas zu viel wird, und greifen zu hilfreichen Maßnahmen: sei es Achtsamkeit, Bewegung, der Austausch mit vertrauten Menschen oder professionelle Unterstützung. Sie nehmen ihre Bedürfnisse ernst und handeln proaktiv, bevor sich Überforderung in körperlichen oder psychischen Symptomen niederschlägt.

Ein oft vernachlässigter, aber besonders wertvoller Teil emotionaler Intelligenz ist das Selbstmitgefühl. Während viele Menschen mit anderen mitfühlend und verständnisvoll umgehen, begegnen sie sich selbst oft mit

Härte und Selbstkritik. Emotionale Intelligenz bedeutet auch, einen liebevollen Umgang mit sich selbst zu entwickeln.

Selbstmitgefühl heißt, sich nicht für Schwächen zu verurteilen, sondern sich in schwierigen Phasen innerlich zu stärken. Es bedeutet, sich realistische Ziele zu setzen, sich Fehler zu verzeihen und sich mit derselben Fürsorge zu begegnen, die man einem guten Freund entgegenbringen würde. Studien zeigen, dass Menschen mit hohem Selbstmitgefühl weniger unter Depressionen, Ängsten und innerer Unzufriedenheit leiden.

Die gute Nachricht lautet: Emotionale Intelligenz ist keine festgelegte Eigenschaft, sondern eine erlernbare Fähigkeit. Sie kann sich im Laufe des Lebens entfalten und weiterentwickeln. Wer beginnt, seine Gefühle ernst zu nehmen, sie zu erforschen und bewusst mit ihnen umzugehen, öffnet die Tür zu mehr innerer Klarheit und echter persönlicher Reife.

Wenn du deine emotionale Intelligenz trainierst, wirst du dich nicht nur selbst besser verstehen – du wirst auch zu einem feinfühligeren, achtsameren und stabileren Menschen in deinem sozialen Umfeld. Du wirst klarer kommunizieren, gelassener mit Herausforderungen umgehen und erfüllendere Beziehungen führen. Nutze diese Möglichkeit. Beginne, deine Gefühle als wertvolle Informationsquelle zu betrachten. Lerne, sie zu benennen, anzunehmen und gezielt zu nutzen. Emotionale Intelligenz ist eine der kraftvollsten Ressourcen auf deinem Weg zu mehr Lebensfreude, innerer Balance und echtem Menschsein.

Bewusstwerden, Verstehen, Regulieren

Emotionen durchziehen unser gesamtes Leben. Sie sind wie leise Hintergrundmelodien, die unsere Stimmungen subtil färben, ebenso wie kraftvolle Orchesterstücke, die uns mitreißen, aufwühlen oder aus dem Gleichgewicht bringen. Mal flüstern sie leise, kaum spürbar, dann wieder sind sie stürmisch, laut und übermächtig. Sie beeinflussen, wie wir die Welt erleben, wie wir über uns selbst denken und wie wir in Beziehungen agieren.

Doch obwohl Emotionen unser tägliches Erleben so stark prägen, haben viele von uns nie wirklich gelernt, mit ihnen umzugehen. Vielmehr versuchen viele Menschen über Jahre hinweg, ihre Gefühle zu kontrollieren, zu unterdrücken oder gar zu ignorieren. Sie betrachten sie als Hindernis für Klarheit und Rationalität. Dabei sind Emotionen keine Feinde, die es zu bekämpfen gilt. Sie sind wichtige Boten innerer Zustände. Sie machen uns aufmerksam auf unsere Bedürfnisse, unsere Grenzen und unsere tiefsten Sehnsüchte.

Dieses Buch möchte dich dabei unterstützen, einen anderen Zugang zu deinen Gefühlen zu finden – nicht durch Kontrolle oder Vermeidung, sondern durch Bewusstheit, Verständnis und einen gesunden Umgang. Indem du lernst, deine Emotionen zu erkennen, zu reflektieren und zu regulieren, kannst du dein Leben klarer, lebendiger und authentischer gestalten.

Viele Menschen erleben ihre Gefühle als etwas, das ihnen einfach passiert, wie ein innerer Automatismus.

Wut, Angst oder Traurigkeit erscheinen wie unkontrollierbare Reaktionen auf äußere Umstände oder auf das Verhalten anderer. Doch Gefühle sind keine willkürlichen Zufallsprodukte. Sie entstehen aus einem komplexen Zusammenspiel biologischer, psychischer und sozialer Faktoren. Sie wurzeln in unserer Geschichte, unseren Gedanken, unserem Körper und in unseren Beziehungswelten.

Zwei Menschen können dieselbe Situation völlig unterschiedlich empfinden. Was den einen kaum berührt, trifft den anderen tief. Warum ist das so? Die Antwort liegt in den individuellen Erfahrungen, inneren Überzeugungen und erlernten Mustern, die jede und jeder von uns mitbringt. Ein bestimmter Tonfall, ein Blick oder ein harmlos gemeinter Satz kann beim einen Gleichgültigkeit auslösen, beim anderen eine Welle aus Schmerz, Scham oder Wut.

Der erste Schritt auf dem Weg zu mehr emotionaler Souveränität ist das bewusste Wahrnehmen. Im Alltag laufen unsere Gefühle oft im Hintergrund, wie ein leises Rauschen. Wir fühlen uns angespannt, niedergeschlagen oder gereizt, ohne zu wissen, warum. Erst wenn wir innehalten, still werden und unsere Aufmerksamkeit nach innen richten, beginnen wir zu spüren, was tatsächlich in uns vorgeht.

Dabei kann unser Körper ein wertvoller Wegweiser sein. Emotionen zeigen sich immer auch körperlich. Angst beschleunigt den Herzschlag, lässt die Hände feucht werden. Wut verspannt die Muskulatur, steigert die Körperspannung. Freude entspannt die Gesichtszüge, weitet die Atmung, bringt ein Lächeln hervor. Doch oft ignorieren wir diese Zeichen oder nehmen sie erst wahr, wenn sie uns überwältigen.

Es ist hilfreich, die feinen, leisen Signale kennenzulernen: ein Kribbeln in der Magengegend, eine plötzliche Enge im Brustkorb, ein Druck auf der Stirn. Diese Hinweise sind wie kleine Botschaften, die dir frühzeitig zeigen können, was dich gerade bewegt. Je besser du diese Körpersprache lesen lernst, desto eher kannst du auf deine Gefühle reagieren, bevor sie dich überrollen.

Doch Wahrnehmung allein genügt nicht. Wenn wir nicht verstehen, warum wir fühlen, was wir fühlen, bleiben wir in unseren gewohnten Reaktionsmustern gefangen. Emotionale Reaktionen sind oft das Ergebnis alter Erfahrungen. Vielleicht verletzt dich Kritik besonders stark, weil du früh gelernt hast, dass Liebe an Leistung geknüpft ist. Vielleicht trifft dich Gleichgültigkeit, weil du in deinem Leben zu oft übersehen wurdest.

Die Psychologie spricht in solchen Fällen von emotionalen Schemata, inneren Landkarten, die sich aus früheren Erfahrungen geformt haben. Diese Schemata wirken wie Filter, durch die wir aktuelle Situationen interpretieren. Sie laufen oft automatisch ab, doch das bedeutet nicht, dass wir ihnen ausgeliefert sind. Sobald du beginnst, sie zu erkennen und zu hinterfragen, öffnet sich ein neuer Handlungsspielraum.

Verstehen bedeutet, Muster sichtbar zu machen. Du kannst dich fragen: Wann habe ich dieses Gefühl zum ersten Mal erlebt? Was hat es mir damals signalisiert?

Welche Botschaft steckt heute dahinter? Indem du dich mit deinen emotionalen Mustern auseinandersetzt, gewinnst du Klarheit über deine inneren Beweggründe und kannst neue Perspektiven entwickeln.

Die moderne Hirnforschung zeigt: Unser Gehirn ist lernfähig und formbar. Ein Prinzip, das unter dem Begriff Neuroplastizität bekannt ist. Emotionale Reaktionen sind also keine starren Automatismen. Du kannst sie verändern, wenn du dich bewusst mit ihnen auseinandersetzt. Dieser Prozess braucht Zeit, Übung und Geduld, aber er ist möglich.

Zwischen dem Reiz und deiner Reaktion liegt ein Raum. In diesem Raum liegt deine Freiheit. Du kannst lernen, innezuhalten, tief durchzuatmen und dich zu fragen: Was passiert gerade in mir? Welche Emotion zeigt sich? Was will sie mir sagen? Gibt es eine andere Möglichkeit, mit dieser Situation umzugehen?

Der dritte Schritt ist die Regulation deiner Emotionen. Hier geht es nicht darum, Gefühle zu unterdrücken oder schönzureden. Es geht darum, sie bewusst wahrzunehmen, anzuerkennen und angemessen mit ihnen umzugehen. Emotionale Regulation bedeutet, sich selbst zu beruhigen, ohne sich zu betäuben. Es heißt, Gefühle auszudrücken, ohne sie anderen um die Ohren zu schlagen.

Wenn du zum Beispiel Wut empfindest, kannst du lernen, sie zu nutzen, um deine Grenzen zu wahren und dich klar auszudrücken, statt zu explodieren oder zu schweigen. Wenn du Traurigkeit spürst, darfst du sie zulassen, ihr Raum geben, ohne dich in ihr zu verlieren.

Regulation bedeutet, die Balance zu finden zwischen Ausdruck und Kontrolle, zwischen Ehrlichkeit und Verantwortung.

Dabei helfen kleine Rituale: ein bewusster Atemzug, eine achtsame Körperbewegung, ein innerer Satz der Selbstberuhigung. Auch ein kurzer Spaziergang, Musik, das Schreiben in ein Tagebuch oder ein Gespräch mit einem vertrauten Menschen können helfen, dich wieder zu zentrieren.

Ein besonders kraftvoller Aspekt der emotionalen Regulation ist das Selbstmitgefühl. Viele Menschen gehen hart mit sich ins Gericht, wenn sie intensive Gefühle erleben. Sie verurteilen sich für ihre Angst, schämen sich für ihre Wut oder empfinden Traurigkeit als Schwäche. Doch Selbstmitgefühl ist keine Flucht. Es ist ein Akt bewusster Fürsorge.

Stell dir vor, du würdest mit dir selbst sprechen wie mit einer guten Freundin. Du würdest Verständnis zeigen, Geduld haben, trösten, ohne zu belehren. Diese Haltung verändert den inneren Dialog. Sie bringt Frieden an Orte, an denen zuvor innere Härte regierte. Studien zeigen: Menschen mit mehr Selbstmitgefühl erleben weniger Stress, sind emotional stabiler und fühlen sich zufriedener mit ihrem Leben.

In diesem Buch wirst du Schritt für Schritt lernen, wie du deine Emotionen bewusster wahrnehmen kannst. Du wirst tiefer verstehen, woher sie kommen und was sie dir sagen wollen. Du wirst erleben, dass selbst unangenehme Gefühle wertvoll sind, weil sie dich auf etwas aufmerksam machen, dich schützen oder dich motivieren, etwas zu verändern.

Es geht nicht darum, Emotionen zu „managen", als wären sie lästige Störfaktoren. Es geht darum, sie zu integrieren, zu achten und in konstruktive Bahnen zu lenken. Du wirst erleben, wie befreiend es sein kann, nicht mehr gegen dich selbst zu kämpfen, sondern dich mit dir selbst zu verbünden.

Diese Reise beginnt jetzt. Du brauchst dafür keine Perfektion, kein abgeschlossenes Konzept. Was du brauchst, ist Bereitschaft. Offenheit. Und den Mut, dich mit dir selbst einzulassen.

Denn am Ende geht es nicht darum, Gefühle zu besiegen. Es geht darum, sie als deine Verbündeten zu erkennen, als Schlüssel zu einem bewussteren, liebevolleren und erfüllteren Leben.

Was sind Emotionen?

Emotionen begleiten uns auf Schritt und Tritt. Sie sind immer da, mal laut und aufdringlich, mal leise und kaum spürbar. Sie beeinflussen unsere Gedanken, unser Verhalten und die Art und Weise, wie wir uns selbst und andere erleben. Emotionen lassen uns lieben, kämpfen, hoffen, zweifeln oder loslassen. Sie inspirieren uns, treiben uns an, schützen uns und fordern uns heraus.

Trotz dieser zentralen Rolle fällt es vielen schwer, klar zu sagen, was eine Emotion eigentlich ist. Vielleicht hast du selbst schon erlebt, dass du in einer bestimmten Situation völlig anders reagierst als andere und dich danach gefragt, warum. Warum manche Gefühle nur kurz aufflackern, während andere lange in dir nachhallen. Warum ein einziger Satz dich tief berührt, während dein Gegenüber unbeeindruckt bleibt. Oder warum du manchmal nicht einmal benennen kannst, was du gerade empfindest. Solche Fragen zeigen: Emotionen sind tief in uns verwurzelt, und doch oft schwer zu fassen.

Eine einfache, allgemeingültige Definition existiert nicht. In der Psychologie spricht man von einem komplexen Zusammenspiel verschiedener Komponenten: subjektive Empfindungen, körperliche Reaktionen, kognitive Bewertungen und ein entsprechendes Verhalten. Der Psychologe Klaus Scherer beschreibt Emotionen als kurzfristige, adaptive Reaktionsmuster auf innere oder äußere Ereignisse. Sie helfen uns also dabei, uns an neue Situationen anzupassen.

Nehmen wir ein Beispiel: Du gehst nachts allein eine dunkle Straße entlang. Plötzlich hörst du schnelle Schritte hinter dir. Dein Herz schlägt schneller, deine Muskeln spannen sich an, du beschleunigst deine Schritte. Das ist die körperliche Reaktion. In deinem Kopf formt sich der Gedanke: „Bin ich in Gefahr?" – das ist die kognitive Bewertung. Du fühlst Angst, das ist die emotionale Erfahrung. Und du entscheidest dich vielleicht instinktiv, einen anderen Weg zu nehmen, das ist die Handlungstendenz. Alle diese Aspekte zusammen ergeben das emotionale Gesamtbild.

Oft laufen emotionale Reaktionen ab, noch bevor wir sie bewusst wahrnehmen. Der Neurowissenschaftler Joseph LeDoux zeigte, dass emotionale Reize eine direkte Verbindung zur Amygdala haben, einem Teil des Gehirns, der für die Verarbeitung von Emotionen zuständig ist. Diese sogenannte schnelle Spur erklärt, warum wir manchmal erschrecken, noch bevor wir überhaupt wissen, was genau passiert ist. Wenn etwa plötzlich ein lautes Geräusch ertönt, schießt dir das Adrenalin durch den Körper, auch wenn es sich nur um ein heruntergefallenes Buch handelt. Diese Reaktion war dennoch sinnvoll, denn sie bereitete dich auf eine mögliche Gefahr vor.

Paul Ekman identifizierte sechs Basisemotionen, die kulturübergreifend auftreten: Freude, Traurigkeit, Wut, Angst, Ekel und Überraschung. Jede dieser Emotionen erfüllt eine bestimmte Funktion. Freude stärkt unsere Motivation, soziale Nähe zu suchen und positive Erlebnisse zu wiederholen. Wut zeigt, dass eine Grenze überschritten wurde, und gibt uns Kraft, uns zu behaupten. Traurigkeit hilft, Verluste zu verarbeiten und signalisiert unser Bedürfnis nach Unterstützung. Ekel schützt uns davor, uns potenziell schädlichen Dingen auszusetzen. Angst warnt uns vor Gefahren und mobilisiert Schutzmechanismen. Überraschung öffnet uns für Neues und unterstützt unsere Anpassung an unerwartete Veränderungen.

Ein Beispiel aus dem Alltag: Du kommst nach Hause und entdeckst, dass deine Freund:innen heimlich eine Überraschungsparty für dich organisiert haben. Für einen Moment stockt dein Atem, deine Augen weiten sich, dein Körper ist wie elektrisiert, das ist die Reaktion auf das Unerwartete. Kurz darauf folgt vielleicht ein Lächeln, ein warmes Gefühl im Brustkorb, Rührung. Die erste Überraschung ebnet den Weg für Freude.

Robert Plutchik ging noch weiter. Mit seinem Rad der Emotionen veranschaulichte er, wie sich Grundemotionen zu komplexeren Gefühlen verbinden. Schuld entsteht zum Beispiel oft aus einer Mischung aus Angst und Traurigkeit. Liebe kann sich aus Freude und Vertrauen zusammensetzen. Scham wiederum enthält Elemente von Ekel und Angst. Dadurch wird klar, dass unsere emotionale Welt nuanciert und vielschichtig ist.

Nicht nur biologische Reaktionen, auch unsere persönliche Geschichte formt unsere emotionale Landschaft. Der Psychologe Richard Lazarus stellte fest, dass nicht das Ereignis selbst, sondern unsere Bewertung des Ereignisses die eigentliche Emotion auslöst. Zwei Menschen hören denselben Satz: „Darf ich dir ein Feedback geben?" Der eine wird neugierig und freut sich, der andere wird angespannt oder fühlt sich kritisiert. Es ist die Interpretation, nicht der Satz, der das Gefühl hervorruft.

Diese Erkenntnis bildet die Grundlage vieler therapeutischer Verfahren, insbesondere der kognitiven Verhaltenstherapie. Wenn du zum Beispiel auf Kritik häufig mit Rückzug oder Abwehr reagierst, lohnt es sich, deine inneren Überzeugungen zu hinterfragen. Vielleicht steckt dahinter der Gedanke: „Ich darf keine Fehler machen." Solche Glaubenssätze wirken oft unbewusst, aber sie bestimmen mit, wie du dich fühlst.

Auch bei Entscheidungen spielen Emotionen eine bedeutende Rolle. Der Neurologe Antonio Damasio zeigte in seinen Forschungen, dass Menschen mit Schäden im emotionalen Zentrum des Gehirns kaum noch Entscheidungen treffen konnten, selbst wenn ihr Denken klar und logisch war. Stell dir vor, du hast zwei Jobangebote. Beide erscheinen sachlich gleichwertig. Doch bei einem der beiden verspürst du mehr Begeisterung, vielleicht ein inneres Kribbeln. Dieses Gefühl ist keine Einbildung, es ist ein Signal deiner emotionalen Intelligenz.

Ein weiteres spannendes Phänomen ist die emotionale Ansteckung. Sicher hast du schon erlebt, wie sich deine Stimmung hebt, wenn du von lachenden Menschen umgeben bist. Oder wie du dich plötzlich unwohl fühlst, wenn jemand in deiner Nähe gereizt oder nervös ist. Über sogenannte Spiegelneuronen nehmen wir unbewusst die Gefühlslagen anderer auf. So wirken Emotionen auch ohne Worte.

Wie kannst du nun lernen, mit deinen Emotionen bewusst umzugehen? Ein erster Schritt ist die Achtsamkeit. Dabei geht es darum, deine Gefühle wahrzunehmen, ohne sie sofort zu bewerten oder zu verändern. Du sitzt im Auto im Stau, spürst aufsteigenden Ärger. Statt dich innerlich aufzuregen, nimmst du einfach wahr: „Da ist Wut." Vielleicht bemerkst du, wie dein Atem schneller geht, deine Schultern sich anspannen. Allein das Anerkennen schafft Raum, Raum für einen neuen Umgang mit dir selbst.

Diese Fähigkeit nennt man emotionale Intelligenz. Daniel Goleman beschreibt sie als die Kompetenz, eigene Gefühle zu erkennen, zu verstehen, zu regulieren und mit den Emotionen anderer konstruktiv umzugehen. Menschen mit emotionaler Intelligenz wirken oft gelassener, empathischer und beziehungsfähiger. Stell dir eine Führungskraft vor, die spürt, dass ihr Team erschöpft ist. Sie fragt nach, hört zu und zeigt Verständnis. So entsteht ein vertrauensvolles Miteinander auf Augenhöhe.

Letztlich sind Emotionen nicht bloß Reaktionen auf das, was geschieht. Sie sind Wegweiser. Sie zeigen dir, was dir wirklich wichtig ist, was dich verletzt, was dich bewegt und wo deine Grenzen verlaufen. Wenn du deine Gefühle verstehst, kannst du dich selbst besser führen und mutiger das leben, was dir entspricht.

Praxisimpuls

Beobachte in den kommenden Tagen deine körperlichen Reaktionen in emotional bedeutsamen Situationen. Notiere deine Beobachtungen, wenn möglich, gleich danach – schriftlich oder als Sprachnotiz.

1. **Wann spürst du Anspannung?**
   Achte auf Situationen, in denen du Verspannungen in Nacken oder Schultern bemerkst, dein Atem flacher wird oder dein Puls steigt.
2. **Wie reagiert dein Körper bei positiven Gefühlen?**
   Spürst du Wärme, Leichtigkeit oder Weite? Verändert sich deine Atmung oder dein Gesichtsausdruck?
3. **Was passiert bei Stress?**
   Gibt es typische Anzeichen wie Druck im Kopf, Magenprobleme, Zittern, Schwitzen oder Unruhe?
4. **Was hilft dir zur Beruhigung?**
   Welche Strategien unterstützen dich, in die Entspannung zu finden – Bewegung, Musik, ein Gespräch, tiefe Atemzüge?

Je besser du deinen „emotionalen Körperkompass" kennst, desto feiner kannst du auf ihn reagieren – für ein Leben in besserem Einklang mit dir selbst.

Die biologischen Grundlagen unserer Emotionen

Emotionen sind keine losgelösten Phänomene, die irgendwo im luftleeren Raum unseres Bewusstseins entstehen. Sie sind zutiefst körperlich. Sie wurzeln in unserer Biologie, durchdringen unser Nervensystem, beeinflussen unseren Hormonhaushalt und aktivieren unsere Muskeln, ohne dass wir ihnen aktiv zustimmen müssten.

Was du fühlst, spiegelt sich fast immer auch körperlich wider. Wenn du Angst hast, beginnt dein Herz schneller zu schlagen. Deine Atmung wird flacher, deine Muskeln spannen sich an, dein Magen verkrampft sich. All das passiert nicht zufällig, sondern folgt gut erprobten, über Jahrmillionen entstandenen Mechanismen. Sie dienten einst dem Überleben – und tun es, in abgewandelter Form, bis heute.

Um Emotionen wirklich zu verstehen, lohnt sich ein Blick in das Zentrum ihrer Entstehung: das Gehirn. Dort laufen sämtliche Informationen zusammen. Sinneseindrücke, Erinnerungen, Bewertungen – und eben auch emotionale Reaktionen. Interessanterweise sind Emotionen oft schneller als Gedanken. Noch bevor du bewusst begreifst, was du fühlst, hat dein Gehirn längst entschieden, welche emotionale Antwort nötig ist.

Ein entscheidender Bereich im Gehirn ist die **Amygdala**. Sie liegt im limbischen System und wird oft als das emotionale Frühwarnsystem beschrieben. Die Amygdala arbeitet wie ein innerer Scanner: Sie prüft ständig, ob eine Situation gefährlich oder bedeutsam ist, und sie tut das in rasender Geschwindigkeit.

Stell dir vor, du gehst in der Dämmerung durch einen Park. Aus dem Augenwinkel siehst du etwas Längliches am Boden. Dein Körper reagiert sofort. Du bleibst abrupt stehen, dein Puls schießt nach oben, deine Muskeln spannen sich. Erst einen Moment später erkennst du, dass es nur ein Ast war. Deine Amygdala hat in Sekundenbruchteilen entschieden, dass Gefahr bestehen könnte. Lieber einmal zu viel Alarm als zu spät.

Diese blitzschnelle Reaktion wird durch eine sogenannte „schnelle Bahn" ermöglicht, eine direkte Verbindung zwischen dem **Thalamus**, der Sinnesreize aufnimmt, und der Amygdala. Diese Verbindung umgeht den bewussten Verstand. Erst später wird das Signal auch an den **präfrontalen Kortex** weitergeleitet, der die Situation reflektiert, abwägt und gegebenenfalls Entwarnung gibt.

Der präfrontale Kortex, der für rationale Entscheidungen zuständig ist, wirkt also wie ein innerer Regisseur. Er kann emotionale Impulse dämpfen, umlenken oder abschwächen. Menschen mit gut entwickeltem präfrontalen Kortex sind in der Lage, gelassener auf Herausforderungen zu reagieren. Umgekehrt neigen Menschen mit einer überaktiven Amygdala eher zu Angst, Panik oder Stressreaktionen.

Ein Beispiel aus dem Alltag: Du bekommst eine kritische E-Mail. Noch bevor du den ganzen Text gelesen hast, spürst du, wie sich dein Magen zusammenzieht, dein Puls schneller wird, vielleicht schießt dir die Hitze ins Gesicht. Deine Amygdala schlägt Alarm. Der präfrontale Kortex kann dann eine wichtige Rolle übernehmen: er analysiert, ob die Kritik wirklich bedrohlich ist oder konstruktiv gemeint. So entsteht Selbstregulation.

Doch nicht nur das Nervensystem ist beteiligt, auch **Hormone** spielen eine entscheidende Rolle im emotionalen Erleben. Ein bekanntes Beispiel ist **Adrenalin**. Es wird in bedrohlichen Situationen ausgeschüttet und versetzt deinen Körper in Alarmbereitschaft. Dein Herz-Kreislauf-System wird aktiviert, du bist konzentriert, fokussiert, handlungsfähig.

Cortisol, das sogenannte Stresshormon, wirkt langsamer, aber länger. Es sorgt dafür, dass du auch über Stunden hinweg wachsam bleibst. Es erhöht den Blutzuckerspiegel, dämpft Entzündungen und versetzt dich in einen ausdauernden Spannungszustand. Kurzfristig kann das hilfreich sein, dauerhaft allerdings wirkt es gesundheitsschädlich.

Chronisch erhöhte Cortisolwerte können zu Bluthochdruck, Schlafproblemen, Erschöpfung und sogar zu Depressionen führen. Deshalb ist es wichtig, Wege zu finden, um Stress rechtzeitig abzubauen und in die Entspannung zurückzufinden.

Emotionen sind jedoch nicht nur mit Stress verbunden. Es gibt auch Hormone, die positive Gefühle fördern. Dazu zählt etwa **Dopamin**, das sogenannte Belohnungshormon. Es wird ausgeschüttet, wenn du etwas

Angenehmes erlebst, ein Lob, ein gelungenes Gespräch, ein schönes Lied. Es motiviert dich, diese Erfahrung zu wiederholen.

Ein weiteres bedeutsames Hormon ist **Oxytocin**. Es entsteht bei körperlicher Nähe, beim Kuscheln, bei Umarmungen, aber auch bei emotionaler Verbindung. Oxytocin stärkt das Vertrauen, senkt den Stresspegel und vertieft zwischenmenschliche Bindungen. Es wirkt beruhigend und tröstend, nicht nur bei Babys, sondern auch bei Erwachsenen.

Ein kleiner, aber eindrucksvoller Moment: Du kommst erschöpft nach Hause, setzt dich zu deinem Kind auf die Couch, nimmst es in den Arm. In diesem Moment setzt dein Körper Oxytocin frei. Du fühlst Wärme, Nähe, Sicherheit. Ein biologisches Gegenmittel gegen Alltagsstress.

Ein weiterer biologischer Akteur im Spiel der Emotionen ist das **autonome Nervensystem**, das automatisch abläuft und viele Körperfunktionen steuert. Es besteht aus zwei gegensätzlichen Anteilen:

- Das **sympathische Nervensystem** aktiviert dich in bedrohlichen oder fordernden Situationen. Es erhöht den Herzschlag, steigert die Atemfrequenz und versetzt dich in Alarmbereitschaft.
- Das **parasympathische Nervensystem** ist für die Entspannung zuständig. Es verlangsamt den Puls, fördert die Verdauung und unterstützt die Regeneration.

Du kommst von der Arbeit nach Hause, legst dich auf die Couch, atmest tief durch, hörst leise Musik, dein Parasympathikus wird aktiv. Dein Körper beruhigt sich, deine Gedanken werden klarer, dein inneres Gleichgewicht stellt sich langsam wieder her.

Ein oft unterschätzter Bereich in der Forschung zu Emotionen ist die **Darm-Hirn-Achse**. Der Darm wird auch als „zweites Gehirn" bezeichnet. Das liegt daran, dass er über ein eigenes Nervensystem verfügt, das enterische Nervensystem, das eng mit dem Gehirn kommuniziert. Diese Verbindung wirkt sich stark auf unser emotionales Befinden aus.

Rund **90 % des körpereigenen Serotonins**, ein Neurotransmitter, der mit Wohlbefinden assoziiert wird, wird im Darm produziert. Ein gestörtes Mikrobiom, etwa durch einseitige Ernährung, Stress oder Medikamente, kann sich negativ auf Stimmung und emotionale Stabilität auswirken. Umgekehrt kann eine ausgewogene Ernährung helfen, das seelische Gleichgewicht zu stärken.

Spürbar wird das zum Beispiel, wenn du dich nach Tagen voller Fast Food, Zucker und Kaffee innerlich gereizt und nervös fühlst. Der Körper reagiert, über das Verdauungssystem, und sendet diese Botschaft an dein Gehirn. Hier zeigt sich: Körper, Gefühl und Geist sind keine getrennten Welten. Sie sind auf vielfältige Weise miteinander verflochten.

All diese Prozesse machen deutlich: Emotionen sind keine bloßen Gedanken oder Launen. Sie sind körperliche, chemische und neurologische Reaktionen, tief verankert in unserem Menschsein. Sie beeinflussen, wie wir wahrnehmen, denken und handeln. Sie schützen, verbinden und motivieren uns. Und sie geben uns, wenn wir lernen, sie zu verstehen, einen kraftvollen Schlüssel zur Selbststeuerung in die Hand.

Wer die biologischen Grundlagen seiner Emotionen kennt, kann beginnen, bewusster mit ihnen umzugehen. Du bist deinen Gefühlen nicht ausgeliefert. Du kannst lernen, sie zu beobachten, zu verstehen und achtsam mit ihnen umzugehen. Dieses Wissen eröffnet dir neue Wege zu mehr innerer Ruhe, Selbstwirksamkeit und emotionaler Balance.

Praxisimpuls:

Beobachte in den kommenden Tagen deine körperlichen Reaktionen in emotional bedeutsamen Situationen. Notiere deine Beobachtungen, wenn möglich, gleich danach, schriftlich oder als Sprachnotiz.

1. Wann spürst du Anspannung?
   Achte auf Situationen, in denen du Verspannungen in Nacken oder Schultern bemerkst, dein Atem flacher wird oder dein Puls steigt.
2. Wie reagiert dein Körper bei positiven Gefühlen?
   Spürst du Wärme, Leichtigkeit oder Weite? Verändert sich deine Atmung oder dein Gesichtsausdruck?
3. Was passiert bei Stress?
   Gibt es typische Anzeichen wie Druck im Kopf, Magenprobleme, Zittern, Schwitzen oder Unruhe?

4. Was tut dir gut?
   Was kannst du bewusst dazu beitragen, um dich
   besser zu fühlen??

Je besser du deinen „emotionalen Körperkompass"
kennst, desto feiner kannst du auf ihn reagieren, für
ein Leben in besserem Einklang mit dir selbst.

Die evolutionäre Bedeutung unserer Emotionen

Emotionen sind keine Laune der Natur und auch keine bloßen Begleiterscheinungen unseres bewussten Erlebens. Sie sind ein elementarer Bestandteil unserer biologischen Entwicklung. Lange bevor der Mensch Sprache entwickelte, Werkzeuge nutzte oder in komplexen Gemeinschaften lebte, existierten Emotionen bereits als hochwirksame Überlebensstrategien in einer Welt voller Gefahren und Unsicherheiten.

Diese frühen Gefühle waren keine Schwächen. Im Gegenteil, sie waren überlebensnotwendig. Sie sicherten das Überleben des Einzelnen ebenso wie das der Gruppe. Heute tragen wir dieses emotionale Erbe immer noch in uns, in jeder Reaktion, in jedem Gefühl, das sich plötzlich in uns meldet.

Unsere Vorfahr:innen lebten in ständiger Auseinandersetzung mit ihrer Umwelt. Emotionen halfen ihnen, blitzschnell zu handeln, ohne lange nachzudenken. Sie sorgten dafür, dass Gefahr erkannt, Beute gemacht und soziale Bindung gestärkt wurde. Jeder Gefühlsausbruch, den wir heute erleben, hat eine Geschichte, die bis in die Anfänge menschlichen Lebens zurückreicht.

Ein Mensch, der sich nicht vor einem Raubtier fürchtete, war gefährdet. Wer sich nicht ärgerte, wenn ihm Nahrung gestohlen wurde, verlor seine Lebensgrundlage. Und wer keine Freude an Nähe und Zusammenarbeit empfand, hatte geringere Chancen, in einer Gruppe Schutz und Zugehörigkeit zu finden.

Angst war eine der ersten Emotionen, die evolutionär eine zentrale Rolle spielten. Sie sicherte das Überleben, indem sie den Körper augenblicklich in Alarmbereitschaft versetzte. Ohne Angst wären viele Bedrohungen unbemerkt geblieben, mit oft tödlichen Folgen. Stell dir vor, du bist in der Steinzeit unterwegs. Du hörst ein Rascheln im Gebüsch. Dein Körper reagiert sofort: dein Herz rast, dein Blick wird schärfer, deine Muskeln spannen sich an. Noch bevor du bewusst einschätzen kannst, was vor sich geht, bist du bereit zur Flucht oder zum Kampf. Diese körperliche Aktivierung entsteht durch die Angst. Sie schützt dich, indem sie dich auf mögliche Gefahren vorbereitet.

Auch in der Gegenwart zeigen sich dieselben Reaktionen, wenn auch unter anderen Vorzeichen. Die Angst vor einer Prüfung, vor Ablehnung oder vor dem Blick der anderen kann ähnliche körperliche Reaktionen hervorrufen wie die Angst vor einem Raubtier. Unser Gehirn unterscheidet nicht immer zwischen realer Gefahr und sozialer Bedrohung.

Wut hatte evolutionär die Funktion, uns zur Wehr zu setzen. Sie tritt auf, wenn unsere Grenzen überschritten oder unsere Bedürfnisse missachtet werden. Wut bringt Energie, Handlungsbereitschaft und Klarheit. Sie fordert ein Stopp, und das war überlebenswichtig.

Du bist Teil einer kleinen Gruppe und jemand nimmt dir ohne Nachfrage deine mühsam gesammelte Nahrung weg. Wut steigt auf. Du erhebst deine Stimme, forderst Gerechtigkeit ein, vielleicht kämpfst du um dein Recht. Wut war damals keine Schwäche, sondern ein klares Signal für Selbstschutz und Gerechtigkeitssinn.

Auch heute zeigt sich Wut, wenn wir das Gefühl haben, übergangen oder ungerecht behandelt zu werden. Entscheidend ist, wie wir mit ihr umgehen. Wird sie unterdrückt, kann sie sich ins Innere wenden. Wird sie unkontrolliert ausgelebt, schadet sie Beziehungen. In ihrer konstruktiven Form jedoch ist sie ein kraftvoller Antrieb für Veränderung und Klarheit.

Ekel schützt uns seit jeher vor Substanzen oder Situationen, die uns körperlich schaden könnten. Verdorbene Nahrung, Krankheiten, schlechte Hygiene: all das löst instinktiv Abwehr aus. Die Nase rümpft sich, der Magen verkrampft sich, wir wenden uns ab.

Mit der Zeit hat sich Ekel auch auf das Soziale ausgeweitet. Wir empfinden ihn nicht nur gegenüber Schimmel oder fauligem Geruch, sondern auch gegenüber unmoralischem oder grausamem Verhalten. Wenn wir erleben, dass jemand absichtlich leid zufügt, reagieren viele mit moralischem Ekel, einer evolutionär gewachsenen Form ethischer Abgrenzung.

Freude ist mehr als ein angenehmes Gefühl. Sie war und ist ein zentraler Antrieb für soziales Verhalten. Wenn unsere Vorfahr:innen gemeinsam jagten, Nahrung teilten oder sich gegenseitig unterstützten, wurde Freude erlebt. Sie motivierte dazu, solche Erlebnisse zu wiederholen.

Diese emotionalen Belohnungen stärkten den Zusammenhalt in Gruppen. Freude ermöglichte Kooperation, Vertrauen und Nähe. Heute empfinden wir Freude, wenn wir mit anderen verbunden sind, Anerkennung erhalten oder uns in etwas Sinnvollem engagieren.

Die Liebe hat eine tiefgreifende Bedeutung für unser Überleben. Ohne die emotionale Bindung zwischen Mutter und Kind wäre menschliche Entwicklung kaum möglich gewesen. Kinder brauchen über viele Jahre hinweg intensive Fürsorge, ein evolutionäres Risiko, das durch emotionale Bindung ausgeglichen wurde.

Liebe zwischen Partner:innen, zwischen Eltern und Kindern, zwischen Freund:innen, all diese Beziehungen sind nicht nur emotional erfüllend, sondern auch biologisch sinnvoll. Sie schaffen Sicherheit, Verbundenheit und gegenseitige Unterstützung. Sie stärken Resilienz, damals wie heute.

Unsere emotionalen Systeme haben sich in einer völlig anderen Umwelt entwickelt als jener, in der wir heute leben. Das bringt Herausforderungen mit sich. Unser Gehirn reagiert auf sozialen Stress, Zeitdruck oder Konflikte mit denselben Mechanismen wie auf physische Bedrohung. Die Folge: Eine kritische Bemerkung im Teamgespräch aktiviert das Angstsystem. Eine Meinungsverschiedenheit wird unbewusst als Angriff gewertet. Unser Körper schüttet Stresshormone aus, obwohl keine reale Gefahr besteht. Das Problem liegt nicht in den Emotionen selbst, sondern in der fehlenden Passung zwischen alter Biologie und neuer Lebensrealität. Doch genau hier liegt auch die Chance.

Emotionen sind nicht dazu da, uns zu kontrollieren. Sie sind Hinweise, Impulse, Signale. Wenn wir lernen, sie zu entschlüsseln, können wir sie nutzen. Die Fähigkeit zur emotionalen Selbstregulation ist nicht das Gegenteil von Gefühl, sondern ihre reife Form. Indem du deine Emotionen bewusst wahrnimmst, hinterfragst und verstehst, wächst du über automatische Reaktionen hinaus. Du musst deinen Gefühlen nicht ausgeliefert sein. Du kannst mit ihnen in Beziehung treten. Und genau darin liegt Entwicklung.

Praxisimpuls:

Wann hast du zuletzt eine starke Emotion erlebt? War es Angst, Wut, Ekel, Freude oder Liebe? Versuche, dich an die Situation genau zu erinnern.

1. Was war der ursprüngliche Auslöser?
   Welche „Gefahr" oder welches Bedürfnis stand im Zentrum? Ist der Auslöser aus heutiger Sicht wirklich bedrohlich gewesen?
2. Welche körperlichen Reaktionen hast du wahrgenommen? Beschleunigter Herzschlag, angespannte Muskeln, Zittern?
3. Welche Reaktion war hilfreich, welche eher hinderlich? Was hättest du gebraucht, um bewusster zu handeln?

Notiere deine Gedanken. Du wirst erstaunt sein, wie oft deine Emotionen ein uraltes Muster widerspiegeln und wie viel Gestaltungsspielraum du heute hast.

Emotionen beeinflussen unser Denken und Handeln

Emotionen beeinflussen unser Denken und Handeln auf eine Weise, die uns häufig gar nicht bewusst ist. Wir halten uns gerne für vernunftgesteuerte Wesen, die logisch und faktenbasiert entscheiden. Doch in Wahrheit wirken Emotionen als unsichtbarer Motor hinter nahezu allem, was wir tun. Sie lenken unsere Aufmerksamkeit, strukturieren unser Denken, beeinflussen unsere Urteile und prägen unsere Entscheidungen. Selbst dann, wenn wir glauben, besonders objektiv zu sein, sind unsere Gefühle längst beteiligt.

Wenn du etwa eine Straße entlanggehst und im Augenwinkel eine Bewegung wahrnimmst, reagiert dein emotionales System schneller als dein Verstand. Noch bevor du bewusst einschätzen kannst, was passiert, entscheidet dein Körper: Du bleibst stehen, weichst aus oder beschleunigst deine Schritte. Dein Herz beginnt schneller zu schlagen, deine Muskeln spannen sich an, um Sekunden später zu erkennen, dass es nur ein Schatten war. Emotionen handeln blitzschnell, lange bevor dein bewusster Geist eingreift.

Auch scheinbar rationale Entscheidungen, etwa im Supermarkt, sind emotional eingefärbt. Die Wahl zwischen zwei Produkten hängt nicht nur von Preis oder Qualität ab, sondern auch davon, was sich im Moment „richtig" anfühlt. Verpackungsdesign, Farben, Hintergrundmusik oder der Gesichtsausdruck der Verkäuferin, all das wirkt emotional, ohne dass du es bewusst steuerst.

Werbetreibende nutzen diesen Umstand gezielt, um Konsumentscheidungen zu beeinflussen.

Emotionen wirken jedoch nicht nur im Moment spontaner Entscheidungen, sondern prägen auch unseren Denkstil. Studien zeigen, dass positive Gefühle unsere Kreativität fördern. In guter Stimmung denken wir flexibler, offener und assoziativer. Das Gehirn verbindet Gedanken freier, entdeckt neue Zusammenhänge, sieht Möglichkeiten statt Grenzen.

Vielleicht kennst du das: Du hast ein nettes Gespräch geführt, die Sonne scheint, du fühlst dich leicht und plötzlich kommt dir eine Idee, die dich schon lange beschäftigt hat. Positive Emotionen erweitern den inneren Denkraum und ermöglichen kreative Lösungsansätze.

Negative Emotionen hingegen fördern eine andere Art des Denkens. Wer sich sorgenvoll, unsicher oder gestresst fühlt, denkt fokussierter und detailgenauer. Dieses Denken ist vorsichtiger, prüfender und eher auf Fehlervermeidung ausgerichtet. Solche Denkstile sind besonders nützlich, wenn es darum geht, Verträge zu prüfen, Risiken abzuwägen oder Entscheidungen mit weitreichenden Folgen zu treffen.

Emotionen wirken also nicht nur auf den Inhalt, sondern auch auf die Form unseres Denkens. Mal brauchen wir weite, kreative Perspektiven, mal ein klares, analytisches Vorgehen. Beides ist wichtig, und beides wird durch unsere emotionale Verfassung beeinflusst.

Auch unsere Wahrnehmung ist stark von Emotionen geprägt. Je nach Stimmung interpretieren wir dieselbe Situation auf ganz unterschiedliche Weise. Ein und derselbe Satz kann freundlich oder feindlich klingen, je nachdem, wie wir uns fühlen. Bist du gut gelaunt, wirst du einen kritischen Kommentar vielleicht großzügig überhören oder ihn humorvoll einordnen. Bist du hingegen gereizt oder erschöpft, kann derselbe Satz wie ein Angriff wirken und eine Abwehrreaktion auslösen.

Diese emotionale Brille betrifft nicht nur unsere Wahrnehmung im Moment, sondern auch unsere Erinnerungen. Erlebnisse, die mit starken Gefühlen verbunden sind, bleiben tiefer im Gedächtnis verankert. Freude, Angst, Trauer oder Scham prägen sich ein, oft für ein ganzes Leben. Das liegt an der engen Verbindung zwischen Amygdala, dem Zentrum für emotionale Verarbeitung, und dem Hippocampus, der für das Abspeichern von Erinnerungen zuständig ist.

Doch diese Verbindung hat auch eine Schattenseite. In depressiver Stimmung erscheinen selbst eigentlich positive Erinnerungen negativ. Umgekehrt hilft eine positive Grundhaltung dabei, sich eher an das Gute zu erinnern. Diese Dynamik wird in der Resilienzforschung genutzt – wer aktiv positive Emotionen pflegt, stärkt auch seine Fähigkeit, Belastungen zu verarbeiten.

Emotionen beeinflussen auch unsere moralischen Urteile und politischen Einstellungen. Angst steigert etwa das Bedürfnis nach Sicherheit und Kontrolle. In unsicheren Zeiten neigen Menschen dazu, konservativer zu wählen oder stabilitätsorientierte Entscheidungen zu treffen. Vertrauen oder Hoffnung hingegen öffnen uns für Neues, erhöhen die Risikobereitschaft und fördern Veränderung.

Nicht selten werden Emotionen gezielt in politischen Kampagnen eingesetzt. Bilder, Sprache und Symbolik aktivieren Gefühle, ob Angst vor Verlust oder Hoffnung auf Aufbruch. Unser Gefühlshaushalt ist eng mit unseren Wertvorstellungen verbunden, auch wenn uns das nicht immer bewusst ist.

Selbst unser Gerechtigkeitsempfinden basiert stark auf emotionalen Reaktionen. Studien aus der Verhaltensökonomie zeigen, dass Menschen bereit sind, auf persönlichen Vorteil zu verzichten, nur um jemandem „eine Lektion zu erteilen", der sich unfair verhalten hat. Wut über Ungerechtigkeit ist ein stärkerer Antrieb zum Handeln als ein sachliches Argument.

Auch Mitgefühl spielt eine entscheidende Rolle. Menschen helfen eher, wenn sie sich emotional angesprochen fühlen. Einzelschicksale berühren uns mehr als anonyme Statistiken. Wenn wir Anteilnahme spüren, sind wir eher bereit, aktiv zu werden, sei es mit einer Spende, einem Hilfsangebot oder einem Gespräch.

In Beziehungen sind Emotionen allgegenwärtig. Sie bestimmen, wie wir kommunizieren, wie wir Nähe zulassen, wie wir streiten oder versöhnen. Ein Konflikt zwischen zwei Menschen eskaliert selten nur wegen des Inhalts, sondern oft wegen der Art und Weise, wie mit Emotionen umgegangen wird. Wird laut, abschätzig oder verletzend reagiert, ziehen sich Menschen zurück oder schlagen zurück.

Paare, die lernen, ihre Emotionen zu erkennen, zu benennen und konstruktiv auszudrücken, streiten anders. Sie können Konflikte nutzen, um sich besser kennenzulernen. Emotionale Intelligenz, die Fähigkeit, Gefühle bei sich und anderen wahrzunehmen, zu verstehen und angemessen darauf zu reagieren, ist hier ein entscheidender Schlüssel. Sie ermöglicht es, Nähe herzustellen, ohne sich selbst zu verlieren, und Klarheit zu schaffen, ohne zu verletzen.

Emotionen sind nicht das Gegenteil von Vernunft, sie sind ihre Ergänzung. Sie geben unseren Gedanken Richtung, unseren Entscheidungen Tiefe und unseren Beziehungen Bedeutung. Wer seine Emotionen kennt und bewusst mit ihnen umgeht, gewinnt nicht nur Kontrolle, sondern auch Verbindung zu sich selbst und zu anderen.

Praxisimpuls:

1. Denke an eine Entscheidung, die du kürzlich getroffen hast:
   - Welche Rolle spielten dabei deine Gefühle?
   - War es ein „Bauchgefühl"? Hast du spontan entschieden oder warst du besonders vorsichtig?
2. Beobachte deinen Denkstil in verschiedenen Stimmungen:
   - Wie denkst du, wenn du gut gelaunt bist?
   - Wie verändert sich dein Denken, wenn du dich sorgst, ärgerst oder niedergeschlagen fühlst?

3. Achte auf emotionale Einflüsse in Gesprächen oder Konflikten:
   - Interpretierst du Aussagen unterschiedlich, je nachdem, wie du dich fühlst?
   - Wie reagierst du auf Kritik, je nach Stimmung?

Führe ein emotionales Tagebuch. Notiere täglich eine Situation, in der du eine Entscheidung oder Reaktion erlebt hast, und welche Emotionen dabei im Spiel waren. Du wirst überrascht sein, wie oft deine Gefühle die Richtung vorgeben, ohne dass du es bewusst bemerkst.

Tipp: Es gibt eigene Apps für dein Handy, mit denen du deine Emotionen tracken kannst!

Der Unterschied, der deine Wahrnehmung verändert

Wenn du dich mit deinen Emotionen beschäftigst, wirst du vielleicht bemerkt haben, dass nicht jedes Gefühl auf dieselbe Weise entsteht. Manche Emotionen überkommen dich plötzlich, unmittelbar und intensiv. Sie scheinen automatisch aufzutauchen, ohne dass du lange darüber nachgedacht hast. Andere Gefühle hingegen entwickeln sich langsamer. Sie sind stärker von deinen Gedanken geprägt oder durch gesellschaftliche Erwartungen beeinflusst. Genau hier liegt der zentrale Unterschied zwischen primären und sekundären Emotionen.

Während primäre Emotionen universell und instinktiv auftreten, entstehen sekundäre Emotionen durch persönliche Erfahrungen, kulturelle Prägungen und individuelle Bewertungen. Diese Unterscheidung kann dir helfen, deine Gefühle bewusster zu verstehen und konstruktiver mit ihnen umzugehen. Primäre Emotionen begleiten dich vom ersten Lebenstag an. Sie sind tief in deinem Gehirn verankert, insbesondere in der Amygdala, einem Bereich des limbischen Systems, der emotionale Reize besonders schnell verarbeitet. Diese Emotionen erfüllen wichtige Überlebensfunktionen. Angst schützt dich vor Gefahr. Wut mobilisiert deine Kräfte, um dich zu verteidigen. Freude stärkt Bindung und Belohnung. Ekel bewahrt dich vor giftigen oder schädlichen Substanzen. Trauer zeigt an, dass ein Verlust stattgefunden hat, und aktiviert das Bedürfnis nach Unterstützung. Überraschung steigert deine Wachsamkeit und Reaktionsbereitschaft in neuen oder unerwarteten Situationen.

All diese primären Emotionen treten automatisch auf, sind kulturübergreifend erkennbar und biologisch vorgegeben. Ein Säugling, der noch keine soziale Prägung erfahren hat, zeigt trotzdem deutlich Freude, Angst oder Unbehagen. Diese Gefühle sind also keine Folge von Erziehung oder Reflexion, sondern unmittelbare Reaktionen auf die Umwelt. Anders ist es bei den sekundären Emotionen. Diese entwickelst du erst im Laufe deiner Kindheit und Jugend. Sie setzen ein gewisses Maß an Selbstreflexion voraus und entstehen durch deine Erfahrungen, durch das, was dir über richtig und falsch vermittelt wurde, und durch die Kultur, in der du aufwächst. Du wirst nicht mit Schuld oder Scham geboren. Diese Gefühle tauchen auf, wenn du dein Verhalten im Licht von Werten, Normen und Erwartungen betrachtest.

Du lernst zum Beispiel, dass Rücksichtnahme wichtig ist. Wenn du dann versehentlich jemanden unterbrichst oder unhöflich wirkst, kannst du dich schämen, nicht weil diese Reaktion biologisch festgelegt ist, sondern weil du gelernt hast, dieses Verhalten als unangemessen zu bewerten. Sekundäre Emotionen wie Schuld, Scham, Stolz oder Eifersucht sind also Ausdruck eines inneren Bezugs zu deinem Selbstbild. Sie sind komplexer als primäre Emotionen und verändern sich im Laufe deines Lebens. Was dich heute beschämt, hat dich vielleicht früher gar nicht berührt. Oder umgekehrt: Was du als Kind mit Schuld verknüpft hast, erkennst du heute als menschlich und verzeihlich. Sekundäre Emotionen verändern sich mit deiner Sicht auf die Welt, und genau das macht sie zu einem wichtigen Feld persönlicher Entwicklung.

Hinzu kommt, dass diese Emotionen stark kulturell geprägt sind. Während ein Ausdruck von Freude oder Angst weltweit gleich verstanden wird, ist das bei Scham, Stolz oder Verlegenheit nicht der Fall. In westlichen Kulturen gilt Stolz häufig als etwas Positives, als Zeichen von Selbstbewusstsein. In vielen asiatischen Kulturen hingegen wird Stolz mit sozialer Unangemessenheit oder Arroganz assoziiert. Ähnlich ist es mit Scham: In manchen Gesellschaften ist sie ein zentrales Mittel der Verhaltensregulation, in anderen ein unangenehmes Gefühl, das vermieden werden soll.

Diese kulturellen Unterschiede zeigen, dass sekundäre Emotionen nicht in einem leeren Raum entstehen, sondern in einem sozialen und historischen Kontext. Du hast sie nicht einfach in dir, du hast sie erlernt, und kannst sie darum auch hinterfragen. Wenn du den Unterschied zwischen primären und sekundären Emotionen erkennst, gewinnst du Freiheit im Umgang mit deinen Gefühlen. Primäre Emotionen wie Angst oder Ärger kannst du nicht vermeiden, aber du kannst ihre Signale verstehen und dich bewusst entscheiden, wie du darauf reagieren willst. Sekundäre Emotionen hingegen kannst du stärker beeinflussen, denn sie beruhen auf Bewertungen, und Bewertungen sind veränderbar.

Frage dich zum Beispiel: Ist das Schuldgefühl, das ich empfinde, wirklich berechtigt, oder wurde es mir anerzogen? Entspricht meine Scham tatsächlich meinen eigenen Werten, oder nur einer verinnerlichten Erwartung? Ist der Stolz, den ich empfinde, echt, oder leitet er sich aus äußeren Maßstäben ab? Ein alltägliches Beispiel kann das verdeutlichen. Du machst einen Fehler bei der Arbeit. Zunächst spürst du vielleicht Ärger, Enttäuschung oder Frustration, eine direkte primäre Reaktion. Doch danach kommen Gedanken wie: „Ich darf keine Fehler machen", „Ich bin nicht gut genug", „Was denken die anderen von mir?" Diese inneren Sätze lösen sekundäre Emotionen wie Schuld, Scham oder Selbstzweifel aus. Diese Gefühle hast du nicht automatisch, du hast sie gelernt.

Und genau deshalb kannst du auch lernen, sie zu verändern. Wenn du dir bewusst machst, welche inneren Überzeugungen deine Emotionen steuern, kannst du neue Bewertungen entwickeln. Du kannst Mitgefühl für dich selbst aufbringen, dich innerlich beruhigen und dich von überholten Mustern befreien. Viele Menschen leiden unter intensiven sekundären Emotionen, ohne zu wissen, dass diese formbar sind. Wer sich ständig für seine Schwächen schämt oder unter Schuldgefühlen leidet, lebt in einem inneren Spannungsfeld aus alten Glaubenssätzen. Der Schlüssel liegt darin, diese Muster zu erkennen und sie bewusst zu überprüfen. Du darfst dich liebevoll betrachten, dir selbst Fehler zugestehen und Stolz empfinden, ohne dich dafür zu rechtfertigen.

Auch im Umgang mit anderen hilft dir dieses Wissen. Wenn du erkennst, dass viele Emotionen durch Erziehung, Kultur oder soziale Regeln entstanden sind, kannst du anderen mit mehr Verständnis begegnen. Du weißt, dass niemand nur aus sich selbst heraus reagiert, sondern aus einer Lebensgeschichte heraus, die seine emotionale Welt geprägt hat. Primäre Emotionen gehören zu dir wie dein Atem oder dein Herzschlag. Sie sind Ausdruck deines Menschseins. Sekundäre Emotionen sind gestaltbar, durch Selbstbeobachtung, Reflexion und neue innere Haltungen. Es geht nicht darum, unangenehme Gefühle zu verdrängen. Es geht darum, sie zu verstehen und mit ihnen zu wachsen.

Praxisimpuls:

1. Denke an ein Gefühl, das dich in letzter Zeit intensiv beschäftigt hat.
   - War es spontan und unmittelbar?
   - Oder ist es im Nachgang entstanden, durch deine Gedanken, Bewertungen oder Erziehung?
2. Spüre in eine konkrete Situation hinein:
   - Was hast du zuerst empfunden (z. B. Ärger, Angst)?
   - Und was kam später (z. B. Schuld, Scham, Selbstkritik)?
   - Welche Gedanken oder inneren Sätze haben die sekundären Emotionen ausgelöst?
   3. Hinterfrage deine Reaktion:
   - Ist das Gefühl wirklich deins, oder wurde es dir irgendwann beigebracht?

- Möchtest du daran festhalten, oder darf sich dein emotionales Muster verändern?

Erstelle für dich zwei Listen: eine mit Emotionen, die du spontan und körperlich spürst (primär), und eine mit Emotionen, die erst durch Gedanken entstehen (sekundär). Beobachte, wie sich diese Gefühle im Alltag zeigen und wo du bewusst Einfluss nehmen kannst.

Der Ursprung unserer Gefühle

Jede Emotion, die du heute empfindest, hat eine Geschichte. Sie ist kein zufälliger Zustand, der plötzlich über dich hereinbricht, sondern das Ergebnis eines komplexen Zusammenspiels aus biologischen, psychologischen und sozialen Faktoren. Manche Gefühle sind tief in dir verankert, weil sie evolutionär überlebenswichtig waren. Andere entstehen erst im Lauf des Lebens, geformt durch Erfahrungen, Beziehungen und die kulturellen Regeln deiner Umgebung.

Besonders prägend ist dabei die Kindheit, denn in dieser sensiblen Lebensphase wird der emotionale Grundton für dein späteres Fühlen und Verhalten gelegt.

Schon als Säugling verfügst du über ein grundlegendes Repertoire an Emotionen. Du schreist, wenn du Hunger hast oder dich unwohl fühlst. Du lächelst, wenn du dich geborgen fühlst. Diese frühen Reaktionen sind instinktiv. Sie dienen deinem Überleben und sorgen dafür, dass sich deine Bezugsperson um dich kümmert. Dein Weinen signalisiert: Ich brauche Hilfe. Dein Lächeln stärkt die Bindung – und genau diese Bindung ist in den ersten Lebensmonaten überlebenswichtig.

Diese emotionalen Reaktionen zählen zu den primären Emotionen. Sie sind universell, schnell, automatisch und kulturunabhängig. Doch mit der Zeit verändert sich dein emotionales Erleben. Es wird differenzierter, reflektierter, komplexer.

Du beginnst zu lernen, wie man mit Emotionen umgeht. Was ist erlaubt? Was nicht? Wann ist Weinen okay, wann unangemessen? Wie reagiert dein Umfeld auf deine Gefühle? All das hinterlässt Spuren. Du übernimmst Bewertungen und emotionale Regeln, oft unbewusst. Wenn du getröstet wirst, lernst du, dass Traurigkeit gezeigt werden darf. Wenn du hingegen hörst: „Reiß dich zusammen", nimmst du mit: Gefühle sind unerwünscht oder sogar gefährlich.

So entstehen sekundäre Emotionen. Sie beruhen nicht nur auf der Situation, sondern auf inneren Bewertungen und sozialen Erwartungen. Du entwickelst ein inneres Bild davon, welche Emotionen „gut" oder „schlecht", angemessen oder peinlich sind. Schuld, Scham, Stolz oder Verlegenheit gehören zu diesen sekundären Emotionen. Sie setzen Selbstreflexion voraus und sind eng mit deiner Identität verbunden.

Ein zentraler Faktor deiner emotionalen Entwicklung ist die Qualität der frühen Bindungserfahrungen. Kinder, die sicher gebunden sind, entwickeln ein stabiles Selbstbild. Sie erfahren, dass ihre Gefühle wahrgenommen, ernst genommen und beantwortet werden. Dieses Vertrauen, dass Gefühle Platz haben dürfen und dass Nähe Schutz bietet, prägt das gesamte spätere Erleben.

Wenn du hingegen regelmäßig mit deinen Gefühlen allein gelassen wurdest, keine Resonanz erfahren hast oder emotional beschämt wurdest, kann sich ein unsicheres Bindungsmuster entwickeln. Vielleicht hast du gelernt, dass deine Gefühle zu viel sind, dass du sie lieber verbergen solltest oder dass dich ohnehin niemand versteht.

Ein eindrückliches Beispiel für die Bedeutung von Resonanz ist die „Still Face"-Studie von Edward Tronick. In diesem Experiment reagierten Mütter zunächst liebevoll auf ihre Babys. Dann hielten sie plötzlich ihr Gesicht völlig regungslos. Die Babys wurden unruhig, irritiert, schließlich zogen sie sich zurück. Diese kurze Unterbrechung der emotionalen Verbindung löste tiefen Stress aus. Es zeigt sich: Für ein Kind ist emotionale Resonanz ebenso wichtig wie Nahrung und Sicherheit.

Fehlt diese Resonanz dauerhaft, kann sich das Kind überanpassen, sich verschließen oder in seinen Gefühlen nicht zurechtfinden. Oft zeigt sich das erst später im Leben, in Form von übermäßiger Kontrolle, emotionaler Unsicherheit oder dem Gefühl, anderen nicht vertrauen zu können.

Du lernst Emotionen nicht nur durch direkten Umgang, sondern auch durch Beobachtung. Wenn deine Eltern Gefühle offen zeigen konnten, lerntest du: Gefühle sind erlaubt. Wenn Wut tabuisiert wurde, wirst du möglicherweise auch als Erwachsene Schwierigkeiten haben, sie auszudrücken, oder sie bricht unkontrolliert hervor, weil du nie gelernt hast, sie angemessen zu regulieren.

Auch kulturelle und familiäre Muster spielen eine Rolle. In manchen Familien gilt es als tugendhaft, sich zusammenzureißen. In anderen wird das Ausleben von Gefühlen als Zeichen von Authentizität gesehen. Solche

Prägungen wirken oft unbewusst weiter, in deinem Selbstbild und in deinem Umgang mit anderen.

Das alles bedeutet nicht, dass du deinen Mustern ausgeliefert bist. Die Prägungen deiner Kindheit sind stark, aber sie sind nicht endgültig. Je besser du verstehst, wie deine emotionale Landkarte entstanden ist, desto mehr Einfluss gewinnst du darauf.

Wenn du heute etwa bemerkst, dass du in bestimmten Situationen übermäßig Schuld empfindest, kann es hilfreich sein, dich zu fragen: Habe ich als Kind oft vermittelt bekommen, dass ich falsch bin? Oder wenn du Schwierigkeiten hast, Wut zuzulassen, vielleicht, weil du gelernt hast, dass Wut bedrohlich oder unangebracht ist?

Sobald du solche inneren Glaubenssätze erkennst, kannst du neue, gesündere Muster entwickeln. Du kannst lernen, dich selbst mit mehr Verständnis zu betrachten. Du kannst deinen Gefühlen Raum geben, ohne von ihnen überrollt zu werden. Emotionale Reife bedeutet nicht, keine Gefühle zu haben, sondern sie zu kennen und bewusst mit ihnen umzugehen.

Deine heutigen Emotionen wurzeln oft in früheren Erfahrungen. Doch das bedeutet nicht, dass du sie nicht verändern kannst. Jede bewusste Auseinandersetzung mit deinen Gefühlen ist ein Schritt zu mehr Freiheit. Du darfst dich neu entdecken, alte Muster hinterfragen und Wege finden, deine Emotionen auf deine Weise zu leben.

Praxisimpuls:

1. Welche Emotionen durftest du als Kind zeigen –
   und welche nicht?
   - Wurdest du getröstet, wenn du traurig warst?
   - Durftest du wütend sein? Stolz? Verletzlich?
2. Welche emotionalen Botschaften hast du in deiner
   Familie gelernt?
   - Wurde über Gefühle gesprochen oder eher ge-
   schwiegen?
   - Gab es bestimmte „gute" oder „schlechte" Gefühle?
3. Was zeigt sich heute in deinem Umgang mit Emotionen?
   - Gibt es Gefühle, die du eher unterdrückst?
   - Welche deiner Reaktionen erscheinen dir heute
   überzogen und könnten ein Echo deiner Kindheit
   sein?

Schreibe dir eine Situation auf, in der du emotional stark
reagiert hast und frage dich: Woher kenne ich dieses Gefühl? Wann habe ich das zum ersten Mal erlebt? Manchmal führen diese Fragen zu tiefen Erkenntnissen und eröffnen dir neue Wege, dich selbst zu verstehen.

Über die Rolle kultureller und gesellschaftlicher Einflüsse

Wenn du dich mit deinen Emotionen auseinandersetzt, fällt dir vielleicht auf, dass manche Gefühle scheinbar direkt aus dir selbst entstehen, spontan, unmittelbar. Andere wirken eher wie Reaktionen auf äußere Erwartungen, Normen oder Zuschreibungen. Du spürst vielleicht Unsicherheit in Situationen, die objektiv harmlos erscheinen. Oder du zögerst, Freude oder Stolz offen auszudrücken, obwohl sie innerlich da sind. Viele dieser emotionalen Reaktionsmuster hast du nicht bewusst gewählt. Sie wurden geprägt, durch dein Umfeld, durch gesellschaftliche Erwartungen, durch die Kultur, in der du aufgewachsen bist.

Emotionen sind nicht nur individuell. Sie sind sozial gelernt. Psychologie und Soziologie zeigen seit Langem, dass Emotionen keine rein privaten inneren Zustände sind. Sie sind Teil eines sozialen Gefüges. In jeder Kultur gibt es Regeln darüber, welche Emotionen gezeigt werden dürfen, welche als wertvoll gelten, welche besser verborgen bleiben sollten. Diese Regeln lernst du früh, nicht durch Erklärungen, sondern durch Beobachtung, Nachahmung und emotionale Rückmeldung.

In vielen westlichen Kulturen gilt es als Zeichen von Authentizität und individueller Reife, Gefühle offen zu zeigen. Begeisterung, Wut, Trauer oder Enttäuschung werden als Ausdruck von Echtheit interpretiert. In anderen Kulturen hingegen, etwa in Teilen Ostasiens, wird emotionale Zurückhaltung positiv bewertet. Sie gilt als Zeichen von Reife, Höflichkeit oder sozialer Verantwortung.

Paul Ekman konnte in seiner Emotionsforschung zeigen, dass bestimmte Basisemotionen, wie Freude, Angst, Wut oder Ekel, universell sind. Sie werden kulturübergreifend erkannt und ausgedrückt. Doch wie und wann wir diese Gefühle zeigen, ist stark kulturell geprägt. In einem bekannten Experiment mit japanischen und amerikanischen Proband:innen zeigte sich, dass Amerikaner auch in sozialen Situationen ihre Emotionen offen ausdrücken. Japanische Teilnehmer:innen hingegen blieben neutral, aus Rücksicht auf das soziale Gleichgewicht. Sobald sie allein waren, verschwanden die Unterschiede. Das zeigt deutlich: Unsere Gefühle sind nicht nur innerlich, sie sind auch Teil eines sozialen Spiels.

Diese kulturellen Regeln lernen wir bereits als Kinder. Wir übernehmen sie, ohne sie zu hinterfragen. Wenn du als Kind oft gehört hast: „Reiß dich zusammen", lernst du, deine Gefühle zu kontrollieren oder zu verbergen. Wenn du für emotionales Verhalten belohnt wurdest, lernst du, es offen zu zeigen. Was wir als „normal" empfinden, ist oft das Ergebnis von Wiederholung, nicht von freier Wahl.

Auch gesellschaftliche Strukturen prägen unser emotionales Erleben. Besonders sichtbar wird das bei der geschlechtsspezifischen Sozialisation. Jungen hören seltener Sätze wie „Erzähl mir, was dich traurig macht". Stattdessen bekommen sie vermittelt: Sei stark, sei hart, reiß dich zusammen. Mädchen dagegen wird eher erlaubt, Gefühle auszudrücken, Traurigkeit, Zärtlichkeit, Sorge. Diese Prägungen begleiten uns ins Erwachsenenalter, oft unbewusst.

Eine Studie der Psychologin Lisa Feldman Barrett belegt, dass Mütter mit ihren Töchtern häufiger über Emotionen sprechen als mit ihren Söhnen. Das prägt die emotionale Ausdrucksfähigkeit erheblich. Männer neigen dazu, Gefühle zu verdrängen oder hinter Ärger zu verstecken. Frauen dagegen werden oft als „zu emotional" wahrgenommen, nicht weil sie mehr fühlen, sondern weil sie gelernt haben, Emotionen sichtbarer zu machen.

In manchen Berufen wird emotionales Verhalten sogar zur Pflicht. Die Soziologin Arlie Hochschild nannte dieses Phänomen „emotionale Arbeit". Gemeint ist die gezielte Steuerung des Gefühlsausdrucks, um Erwartungen zu erfüllen, etwa in Pflegeberufen, im Verkauf oder in der Gastronomie. Wer freundlich wirkt, obwohl er erschöpft ist, übt emotionale Arbeit. Auf Dauer kann diese innere Diskrepanz zwischen Gefühl und Ausdruck belastend sein und zu Erschöpfung oder innerer Entfremdung führen.

Ein besonders machtvolles Mittel zur emotionalen Steuerung sind Schuld und Scham. Schon kleine Kinder lernen, sich schuldig zu fühlen, wenn sie Regeln brechen oder Erwartungen nicht erfüllen. In vielen Religionen und Erziehungssystemen wird Schuld gezielt eingesetzt, als Korrektiv, als Mittel zur Selbstkontrolle. Der Umgang mit Sexualität zeigt das deutlich. In liberalen Gesellschaften wird sie offen thematisiert. In konservativen Kulturen ist sie oft mit Schuld und Scham belegt. Wer in einem solchen Umfeld aufwächst, empfindet oft ein diffuses Schuldgefühl, selbst wenn objektiv nichts „falsch" war. Das Gefühl wurde nicht geboren, es wurde gelehrt.

Ähnlich ist es mit dem Umgang mit Autorität. In hierarchischen Gesellschaften wird Gehorsam geschätzt. Kritik kann dort schnell als respektlos gelten und mit Schuld oder Scham beantwortet werden. In egalitären Kulturen hingegen gilt es als Zeichen von Reife, Autorität zu hinterfragen.

Unsere Emotionen fühlen sich oft „echt" an, und das sind sie auch. Doch sie sind nicht immer ursprünglich. Manchmal sind sie das Ergebnis kultureller Prägung, gesellschaftlicher Erwartungen oder familiärer Rollenbilder. Diese Erkenntnis ist keine Schwächung des emotionalen Erlebens, sie ist eine Einladung zur Reflexion. Du darfst dich fragen: Ist das, was ich fühle, wirklich meines? Oder wurde es mir beigebracht? Dient es meinem inneren Wohl, oder nur der Anpassung an ein System, das mich klein hält?

Besonders bei belastenden Gefühlen lohnt sich diese Prüfung. Bei Scham, die dich lähmt. Bei Schuld, die dich klein macht. Bei Angst, die dich zurückhält. Nicht jede Emotion verdient es, geglaubt zu werden. Manche dürfen hinterfragt werden, und das ist kein Verrat an deinem Inneren, sondern ein Akt innerer Freiheit.

Gefühle entstehen nicht im luftleeren Raum. Sie sind eingebettet in Erziehung, Kultur und Gesellschaft. Wenn du diesen Einfluss erkennst, kannst du emotionale

Muster verstehen und verändern. Du wirst klarer im Fühlen, bewusster im Handeln, freier im Selbstausdruck.

Praxisimpuls:

1. Spüre in ein Gefühl, das du häufig erlebst, aber schwer einordnen kannst.
2. Wurde dir beigebracht, dieses Gefühl zu zeigen oder zu unterdrücken?
3. Hattest du Vorbilder, die mit diesem Gefühl offen umgehen konnten?
4. Welche Emotionen gelten in deinem Umfeld als „stark", welche als „schwach"?
5. Bist du geprägt worden, bestimmte Gefühle als unangemessen zu empfinden?
6. Finde einen Moment, in dem du etwas gespürt, aber nicht gezeigt hast.
7. Was hat dich zurückgehalten? War es Angst vor Bewertung, Erwartung oder sozialem Druck?

Wähle eine Emotion, die du selten offen zeigst, etwa Wut, Stolz oder Zärtlichkeit, und finde einen sicheren Rahmen, um sie auszudrücken. Beobachte, was das mit dir macht.

Wie unbewusste Muster unser Fühlen steuern

Nicht jede Emotion, die du empfindest, entsteht spontan aus dem Moment heraus. Viele deiner alltäglichen Gefühle sind nicht einfach da, weil sie sich aufdrängen. Sie wurden erlernt, über Jahre hinweg, oft unbewusst. Du reagierst vielleicht mit Schuld, obwohl du nichts falsch gemacht hast. Du spürst den inneren Drang, dich zu beweisen, dich anzustrengen, dich anzupassen, selbst dann, wenn es objektiv gar nicht nötig ist. Diese Gefühle sind kein Zufall. Sie folgen inneren Programmen, die früh in deiner Entwicklung entstanden sind. Du hast sie nicht willentlich gewählt, aber sie bestimmen, wie du fühlst, denkst und handelst.

Bereits in den ersten Lebensjahren entwickelst du Überzeugungen darüber, wie du sein musst, um geliebt zu werden. Du beginnst zu glauben, dass bestimmte Eigenschaften über deinen Wert entscheiden. Diese tief verankerten inneren Überzeugungen nennt man Glaubenssätze. Sie wirken wie ein unsichtbares Regelwerk, das dir vorschreibt, wie du dich zu verhalten hast. Nicht durch Zwang, sondern durch Prägung. Wenn du als Kind gelernt hast, dass Weinen Schwäche bedeutet, wirst du dich später vielleicht schämen, wenn du traurig bist. Oder du vermeidest es ganz, Gefühle zu zeigen, nicht weil du sie nicht hast, sondern weil du gelernt hast, dass sie nicht erlaubt sind.

Solche Glaubenssätze entwickeln sich oft aus wiederholten Erfahrungen. Besonders mächtig werden sie, wenn sie mit intensiven Emotionen verknüpft sind. Sie prägen deine Selbstwahrnehmung, deinen Umgang mit anderen und deine emotionale Reaktion auf alltägliche Situationen. In der Transaktionsanalyse spricht man von sogenannten inneren Antreibern. Das sind typische Botschaften, die du irgendwann verinnerlicht hast und die dich bis heute leiten, oft ohne dass du es bemerkst. Es gibt fünf Hauptantreiber, die in vielen Menschen wirksam sind: Der innere Satz „Sei perfekt" setzt dich ständig unter Druck. Alles muss fehlerfrei sein, sonst fühlst du dich unzulänglich. Du glaubst unbewusst, nur wenn du perfekt bist, bist du wertvoll. Der Antreiber „Mach es allen recht" lässt dich Konflikte vermeiden, selten Nein sagen und dich schnell verantwortlich für andere fühlen. Der Satz dahinter lautet: Ich muss gefallen, um dazuzugehören. Der Antreiber „Streng dich an" macht es schwer, zur Ruhe zu kommen. Entspannung fühlt sich fast falsch an. Nur wer sich anstrengt, hat seinen Platz verdient, so lautet dein inneres Skript. Der Impuls „Sei stark" verwehrt dir das Zeigen von Schwäche oder Verletzlichkeit. Emotionen wie Angst oder Traurigkeit wirken bedrohlich, du glaubst: Ich darf mich niemandem zumuten. Und der Antreiber „Beeil dich" erzeugt ständigen Zeitdruck. Pausen wirken wie Zeitverschwendung. Der innere Takt lautet: Ich muss schneller sein, sonst reicht es nicht.

Diese Antreiber steuern nicht nur dein Verhalten, sondern auch dein emotionales Erleben. Wer immer versucht, perfekt zu sein, kennt die Angst vor Fehlern. Wer sich ständig bemüht, es allen recht zu machen, lebt mit chronischem Schuldgefühl. Und wer sich nie erlaubt, schwach zu sein, erlebt oft Einsamkeit, Überforderung oder emotionale Distanz. Doch woher kommen diese inneren Antreiber? Sie entstehen durch Prägung, in der Familie, in der Schule, durch gesellschaftliche Erwartungen. Wenn du als Kind nur dann Anerkennung bekommen hast, wenn du brav, fleißig oder ruhig warst, hast du Strategien entwickelt, um dazugehören zu dürfen. Diese Strategien waren hilfreich, damals. Heute aber schränken sie dich oft ein.

Wenn du gelernt hast, dass du nur dann gesehen wirst, wenn du stark und unabhängig bist, wirst du dich heute vielleicht für deine Verletzlichkeit schämen. Oder du wirst deine Erschöpfung ignorieren, weil Durchhalten für dich zum emotionalen Überlebensprinzip geworden ist. Diese Antreiber sind nicht falsch, sie hatten einen Sinn. Aber sie dürfen überprüft werden. Denn sie erzeugen nicht nur Handlungsmuster, sondern auch wiederkehrende emotionale Zustände: Schuld, Scham, Angst, Druck, Getriebenheit.

Der erste Schritt zur Veränderung ist Bewusstwerdung. Solange ein inneres Programm im Verborgenen wirkt, bleibt es mächtig. Wenn du es jedoch erkennst, kannst du es hinterfragen und schrittweise verändern. Beginne damit, deine Antreiber zu identifizieren. Wann fühlst du dich innerlich gehetzt, kritisiert oder überfordert? Welcher Satz klingt in dir nach? Dann stelle diesen Satz bewusst in Frage. Wer sagt eigentlich, dass du perfekt sein musst? Wem nützt es, wenn du dich ständig anstrengst? Ist es wirklich gefährlich, dich verletzlich zu zeigen?

Neue Erfahrungen helfen dir, alte Überzeugungen zu ersetzen. Sag Nein und beobachte, was wirklich passiert. Mach einen Fehler und sieh, dass du trotzdem akzeptiert wirst. Zeig Gefühle und erlebe, dass du anderen näher kommst, nicht ferner. Jedes Mal, wenn du ein neues Muster erprobst, wächst deine emotionale Freiheit. Du wirst nicht von heute auf morgen anders fühlen, aber du wirst Schritt für Schritt bewusster, klarer und authentischer. Du musst nicht immer stark, schnell oder fehlerfrei sein. Du darfst du selbst sein. Und du darfst lernen, dich auch dann anzunehmen, wenn du den inneren Erwartungen nicht gerecht wirst.

Praxisimpuls:

1. Lies dir die fünf Antreiber-Sätze laut vor:
   - „Sei perfekt!"
   - „Mach es allen recht!"
   - „Streng dich an!"
   - „Sei stark!"
   - „Beeil dich!"
   → Welcher Satz erzeugt bei dir inneren Widerhall oder Unruhe?
2. Beobachte deinen Alltag:
   - Wann fühlst du dich getrieben, schuldig, unter Druck?
   - Welcher Antreiber scheint in diesen Momenten aktiv zu sein?

3. Formuliere eine heilsame Gegenaussage:
„Ich darf Fehler machen und bin trotzdem wertvoll."
„Ich darf Nein sagen, das macht mich klar, nicht egoistisch."
„Ich darf mir Zeit lassen und mich trotzdem wichtig nehmen."

Notiere deinen stärksten Antreiber und deine Gegenaussage. Lies sie dir täglich durch oder sprich sie dir als Affirmation laut vor. Wiederholung schafft Veränderung.

Achtsamkeit als Schlüssel zur emotionalen Klarheit

Emotionen sind oft schwer zu fassen. Sie tauchen auf, verändern sich, verweben sich mit Gedanken, Erinnerungen und körperlichen Empfindungen. Manchmal ist da nur eine vage Unruhe, ein Ziehen in der Brust oder ein Druck im Magen. Und oft weißt du nicht gleich, was genau dahintersteckt. In anderen Momenten überrollt dich eine plötzliche Welle aus Frustration, Traurigkeit oder Ärger. Sie scheint aus dem Nichts zu kommen, und du fragst dich vielleicht, wo das plötzlich herkam.

Doch wie oft nimmst du dir die Zeit, wirklich innezuhalten und dich zu fragen, was du gerade fühlst, woher dieses Gefühl stammt und was es dir sagen möchte? Emotionen prägen dein Erleben auf einer tiefen Ebene, oft ohne dass du es bemerkst. Sie beeinflussen deine Gedanken, steuern Entscheidungen, verändern dein Verhalten. Noch bevor dein Verstand eingreifen kann, hat dein emotionales System bereits reagiert.

Ein Beispiel: Du spürst eine diffuse Unsicherheit. Vielleicht zögerst du, obwohl sich dir gerade eine gute Gelegenheit bietet. Oder du reagierst gereizt, obwohl dich niemand wirklich kritisiert hat. Solche Reaktionen entstehen selten durch bewusste Wahl, sondern sind Folge eines emotionalen Impulses. Ein Schutzmechanismus, tief in dir verankert. Er diente einst dazu, dich schnell auf Gefahr einzustellen, doch heute führt er nicht immer zu den hilfreichsten Entscheidungen.

Viele Menschen wachsen mit der Vorstellung auf, dass bestimmte Gefühle nicht sein dürfen. Vielleicht wurde dir vermittelt, dass Wut gefährlich ist. Oder dass Traurigkeit bedeutet, schwach zu sein. Vielleicht hast du gelernt, dass man nur dann wertvoll ist, wenn man stark, angepasst und leistungsbereit ist. Diese inneren Muster wirken weiter. Sie beeinflussen, welche Emotionen du zulassen kannst und welche du lieber verdrängst. Doch unterdrückte Gefühle verschwinden nicht. Sie zeigen sich an anderer Stelle, in körperlichen Symptomen, innerer Unruhe oder unklarer Gereiztheit.

Genau hier setzt Achtsamkeit an, nicht als Technik, sondern als innere Haltung. Es geht darum, deine Gefühle wahrzunehmen, ohne sie gleich zu bewerten oder zu verändern. Wenn du spürst, dass da etwas in dir arbeitet, nimm es ernst. Frage dich: Was genau fühle ich? Wo spüre ich es in meinem Körper? Welche Gedanken begleiten dieses Gefühl? Vielleicht spürst du Angst als Enge im Brustkorb, Wut als Hitze in deinen Händen oder Scham als Druck im Nacken. Je klarer du diese Signale erkennst, desto bewusster wirst du im Umgang mit dir selbst, und desto leichter kannst du deine Emotionen regulieren, ohne sie zu unterdrücken.

Ein nächster Schritt ist das bewusste Benennen. Statt dich nur überfordert oder genervt zu fühlen, frage dich: Was ist es wirklich? Ist es vielleicht Enttäuschung? Oder das Gefühl, nicht gesehen zu werden? In der Psychologie spricht man von emotionaler Differenzierung, der

Fähigkeit, Gefühle nicht nur vage zu spüren, sondern genau zu erkennen. Menschen mit dieser Fähigkeit reagieren weniger impulsiv, sind reflektierter und erleben sich als handlungsfähiger. Wenn du dein Gefühl klar benennen kannst, verliert es an Bedrohlichkeit. Es wird greifbarer, verstehbarer und damit leichter zu regulieren.

Doch oft fällt es schwer, Gefühle präzise wahrzunehmen. Einer der Gründe: Unser Geist vermischt Emotionen mit Gedanken. Stell dir vor, du hast Angst vor einer Aufgabe. Statt sie nur zu spüren, setzt sofort das Gedankenkarussell ein: „Ich bin nicht gut genug." „Ich werde scheitern." „Andere können das besser als ich." Diese Gedanken verstärken das ursprüngliche Gefühl und machen es schwerer, als es sein müsste. Aus einer kurzen Welle der Angst wird ein inneres Drama. Die Emotion war ein Signal, der Gedanke macht sie zur Last.

Hier hilft Metakognition, also die Fähigkeit, über deine Gedanken nachzudenken, ohne ihnen sofort zu glauben. Frage dich: Ist das wirklich eine Tatsache oder nur eine Interpretation? Muss ich diesem Gedanken folgen oder darf ich ihn loslassen? So entsteht innerer Abstand. Du kannst die Emotion betrachten, ohne dich von ihr mitreißen zu lassen. Du wirst nicht zum Gefühl, du beobachtest es. Stell dir vor, deine Emotion ist eine Wolke am Himmel. Sie kommt, sie verändert sich und irgendwann zieht sie weiter. Diese Haltung lässt sich trainieren. Nicht nur auf dem Meditationskissen, sondern mitten im Alltag: Halte einen Moment inne, bevor du impulsiv reagierst. Führe ein Emotionstagebuch und notiere dir abends ein Gefühl, das dich begleitet hat. Beschreibe es so genau wie möglich. Gib deinem Gefühl eine Farbe oder eine Form, mach es sichtbar, greifbar, erlebbar. Je öfter du dir selbst auf diese Weise begegnest, desto leichter wird es dir fallen, deine Emotionen als Verbündete zu sehen.

Oft ist nicht die Emotion selbst das Problem, sondern unser Widerstand dagegen. Angst darf nicht da sein. Wut ist gefährlich. Traurigkeit muss schnell weg. Doch dieser Kampf kostet Energie und verstärkt das Gefühl. Ein neuer Umgang entsteht, wenn du deine Emotionen als Botschafter verstehst. Sie zeigen dir, was du brauchst. Wut macht dich auf eine überschrittene Grenze aufmerksam. Angst signalisiert dein Bedürfnis nach Sicherheit. Traurigkeit hilft dir, loszulassen, zu verarbeiten und dich neu auszurichten.

Statt gegen deine Gefühle anzukämpfen, kannst du sie fragen, was sie von dir brauchen und was sie dir zeigen möchten. So entsteht Verbindung, nicht Abwehr. Und mit dieser Verbindung wächst dein Vertrauen in dich selbst. Emotionen sind keine Schwäche. Sie sind ein Teil deiner inneren Wahrheit. Wenn du lernst, ihnen Raum zu geben, gewinnst du nicht nur Klarheit, du stärkst deine Selbstwirksamkeit. Du wirst nicht mehr von deinen Gefühlen gesteuert, sondern beginnst, sie zu verstehen und liebevoll zu begleiten. Du bist nicht deine Emotion. Du bist der Raum, in dem sie entstehen dürfen.

Praxisimpuls:

1. Was fühle ich gerade, ganz konkret?
   Nicht: Ich bin schlecht drauf.
   Sondern: Ich bin enttäuscht, weil...
2. Wo spüre ich dieses Gefühl im Körper?
   Ist da Druck, Wärme, Zittern oder Enge?
   Was denke ich über das Gefühl, und stimmt das wirklich?
3. Muss ich diese Angst ernst nehmen?
   Oder darf sie da sein, ohne mich zu blockieren?
4. Was braucht dieses Gefühl von mir?
   Zuwendung, Ausdruck, Bewegung oder Ruhe?

Glaube nicht alles, was du denkst! Nimm wahr, was du fühlst und öffne dich für die Botschaft hinter diesem Gefühl.

Gefühle sind im Körper verankert

Emotionen sind keine rein geistigen Phänomene, sondern tief in deinem Körper verankert. Du kennst das sicher: Dein Herz beginnt zu rasen, wenn du nervös bist. Deine Schultern verspannen sich, wenn du wütend bist. Oder du spürst einen Knoten im Magen, wenn dich Angst oder Unsicherheit überkommt.

Diese Reaktionen sind kein Zufall. Sie sind Ausdruck eines feinen Zusammenspiels zwischen deinem Gehirn, dem Nervensystem und dem Hormonsystem. Emotionen sind nicht bloß Gedanken oder Stimmungen, sie sind körperlich spürbare Erlebnisse, die deinen gesamten Organismus beeinflussen.

Wenn du Angst empfindest, reagiert dein Körper sofort. Das limbische System, vor allem die Amygdala, erkennt blitzschnell eine potenzielle Bedrohung. Es sendet Signale an das autonome Nervensystem. Der Sympathikus übernimmt, dein Aktivierungsnerv. Dein Herz schlägt schneller, deine Atmung wird flacher, deine Muskeln spannen sich an. Gleichzeitig wird die Verdauung gedrosselt, denn dein Körper bereitet sich vor: auf Kampf oder Flucht.

Früher war es der Säbelzahntiger. Heute ist es vielleicht eine kritische E-Mail oder ein unangenehmes Gespräch. Dein Körper kennt den Unterschied nicht. Die Reaktion bleibt dieselbe. Jede Emotion bringt ihre ganz eigene körperliche Signatur mit sich. Diese zeigt sich nicht nur in dramatischen Reaktionen, sondern oft auch in kleinen, feinen Signalen.

Wut macht sich bemerkbar durch Muskelanspannung, erhitzte Haut, ein schnellerer Puls, ein Zittern in den Händen oder ein Zusammenpressen der Kiefer.

Traurigkeit zeigt sich häufig als Schwere im Körper – ein Druck in der Brust, ein Kloß im Hals, verlangsamte Bewegungen.

Freude entspannt dich. Deine Atmung wird tiefer, du spürst ein warmes Gefühl im Bauch, ein Lächeln breitet sich wie von selbst aus.

In einer Studie des finnischen Forschers Lauri Nummenmaa malten Versuchspersonen Körperkarten, auf denen sie Emotionen verorteten. Die Ergebnisse waren überraschend einheitlich und kulturübergreifend.

Angst und Wut zeigten sich in Brust und Armen. Traurigkeit konzentrierte sich auf den Hals- und Brustbereich. Freude breitete sich über den ganzen Körper aus. Der sogenannte „Bauch" spielt eine entscheidende Rolle in deinem emotionalen Gleichgewicht. Der Darm ist über den Vagusnerv mit dem Gehirn verbunden, diese Verbindung wird als Darm-Hirn-Achse bezeichnet. Der Darm verfügt über ein eigenes Nervensystem mit Millionen Nervenzellen. Das enterische Nervensystem beeinflusst nicht nur deine Verdauung, sondern auch deine Stimmung. Stress verändert das Mikrobiom, also die Bakterienzusammensetzung im Darm. Diese Veränderungen können depressive Verstimmungen oder Angst verstärken. Rund 90 Prozent des körpereigenen Serotonins, ein stimmungsregulierender Neurotransmitter – werden im Darm gebildet. Eine gestörte Darmflora kann den Serotoninspiegel senken, mit spürbaren Folgen für dein seelisches Gleichgewicht.

Deine Gefühle sind nicht nur in deinem Kopf, sie zeigen sich in jeder Zelle deines Körpers. Wenn du besser verstehen möchtest, was in dir vorgeht, hilft dir ein achtsamer Blick auf deinen Körper.

Frage dich im Alltag immer wieder: Was fühle ich? Und wo spüre ich es?

Körperliche Symptome wie Verspannungen, Kopfschmerzen oder Magenbeschwerden können Ausdruck verdrängter oder nicht beachteter Emotionen sein. Achte nicht nur auf äußere Reize, sondern auch auf die inneren Reaktionen deines Körpers.

Was du konkret tun kannst:

Ein bewusster Umgang mit deinen körperlich spürbaren Emotionen stärkt nicht nur deine Selbstwahrnehmung, sondern auch deine emotionale Stabilität.

- Achte auf Körpersignale. Täglich, auch in ruhigen Momenten.
- Bewege dich sanft, atme bewusst, geh spazieren. Bewegung löst Spannungen.
- Iss achtsam. Was deinem Darm guttut, tut auch deinem Gemüt gut.

- Gönn dir Pausen. Der Körper braucht Erholung, um Gefühle zu verarbeiten.

Emotionen sind nicht gegen dich gerichtet. Sie wollen dir etwas zeigen. Dein Körper ist ihr Sprachrohr.

Körperübungen zur emotionalen Selbstregulation

1. Bodenspur – Ich spüre, dass ich da bin
Diese Übung hilft dir, dich im gegenwärtigen Moment zu verankern, wenn Emotionen dich überwältigen.

- Stelle dich aufrecht hin oder setze dich mit beiden Füßen fest auf den Boden.
- Spüre bewusst den Kontakt deiner Füße mit dem Boden.
- Verlagere dein Gewicht leicht nach vorne, hinten, links und rechts – und finde deinen stabilen Stand.
- Atme ruhig und tief in den Bauch.
- Lege eine Hand auf den Bauch oder das Herz.
- Wiederhole innerlich: „Ich bin hier. Ich spüre den Boden. Ich bin getragen."

2. Körper-Scan – Gefühle mit dem Körper verbinden
Diese Übung fördert deine Fähigkeit, emotionale Körpersignale wahrzunehmen.

- Lege dich bequem hin oder setze dich aufrecht.
- Wandere mit deiner Aufmerksamkeit durch deinen Körper, von den Füßen bis zum Gesicht.
- Frage dich: Wie fühlt sich dieser Bereich an? Warm, kalt, entspannt, angespannt?

- Bleibe bei einem Bereich, wo du etwas wahrnimmst, ohne zu bewerten.
- Atme in diesen Bereich hinein, ohne etwas verändern zu wollen.

3. Die Atemwelle – Emotionen beruhigen mit dem Atem

Der Atem ist dein stärkster Hebel für innere Beruhigung.

- Setze dich aufrecht, beide Füße am Boden.
- Lege eine Hand auf den Bauch, eine auf die Brust.
- Atme durch die Nase ein und zähle dabei bis vier.
- Halte den Atem kurz.
- Atme durch den Mund aus und zähle bis sechs.
- Wiederhole für zehn Atemzüge.

4. Emotion in Bewegung – Gib deiner Gefühlsenergie Ausdruck

Wenn Worte fehlen, hilft Bewegung.

- Finde einen sicheren Ort, an dem du dich frei bewegen kannst.
- Spüre, welche Emotion da ist, und wo im Körper du sie wahrnimmst.
- Lass deinen Körper sich intuitiv bewegen: stampfen, schütteln, kreisen, du entscheidest.
- Atme bewusst.
- Beende die Übung mit einer stabilisierenden Haltung, etwa aufrecht stehen, tief atmen, die Schultern lockern.

5. Herzberührung – Sanfte Selbstregulation bei intensiven Gefühlen

Diese Geste vermittelt dir Trost und Sicherheit.

- Lege deine Hände auf dein Herz, oder eine auf das Herz, eine auf den Bauch.
- Atme ruhig und langsam.
- Sage dir innerlich beruhigende Sätze:
  „Ich darf fühlen, was ich fühle."
  „Ich bin für mich da."
  „Das geht vorbei."
- Verweile ein paar Minuten in dieser Haltung.

Deinen Emotionen nachspüren

Manchmal ist da nur ein diffuses Unwohlsein. Etwas in dir zieht sich zusammen, ein Druck macht sich bemerkbar, eine innere Unruhe breitet sich aus, doch du kannst es nicht benennen. Ist es Angst, Ärger oder vielleicht Enttäuschung? Emotionen kommen nicht immer klar und eindeutig daher. Sie vermischen sich mit Gedanken, Erinnerungen oder körperlichen Spannungen. Wenn du sie nicht bewusst wahrnimmst, steuern sie trotzdem dein Verhalten, beeinflussen deine Entscheidungen und wirken sich auf deine Beziehungen aus.

Deshalb ist es so wichtig, deine Gefühle nicht einfach laufen zu lassen, sondern innezuhalten, hinzuspüren und ihnen einen Namen zu geben. Denn erst wenn du weißt, was du fühlst, kannst du auch entscheiden, wie du damit umgehen willst.

In der Psychologie nennt man diese Fähigkeit emotionale Differenzierung. Wer zwischen Gefühlen präzise unterscheiden kann, hat einen besseren Zugang zu sich selbst. Menschen, die Gefühle nur in Kategorien wie gut oder schlecht einordnen, bleiben in einem vagen Zustand stecken. Wer hingegen spürt, ob er enttäuscht, verletzt oder frustriert ist, hat ein klares inneres Bild. Das macht einen Unterschied, denn Klarheit ermöglicht gezieltes Handeln. Studien belegen, dass Menschen mit einer ausgeprägten emotionalen Differenzierung resilienter sind und effektiver mit Stress umgehen.

Wenn du zum Beispiel spürst, dass du nervös bist, frage dich: Ist es Unsicherheit, Sorge, Lampenfieber oder doch Angst vor Ablehnung? Jede dieser Varianten hat eine andere Bedeutung und braucht einen anderen Umgang. Auch bei Ärger lohnt es sich, genau hinzusehen. Spürst du Irritation, Wut, Empörung oder Enttäuschung? Je differenzierter du dein Gefühl benennst, desto gezielter kannst du mit ihm umgehen.

Gefühle kommen nicht aus dem Nichts. Sie haben Auslöser, auch wenn diese nicht immer sofort sichtbar sind. Frage dich: Wann hat das Gefühl begonnen? Was ist in diesem Moment passiert? War es ein Gedanke, ein bestimmter Blick, eine Erinnerung oder eine äußere Situation? Indem du den Kontext deiner Emotionen verstehst, erkennst du Muster. Du kannst erkennen, welche Reaktionen gelernt sind und wo alte Erfahrungen in der Gegenwart weiterwirken.

Es gibt einige einfache Methoden, mit denen du deinen Gefühlen auf die Spur kommen kannst. Stelle dir verschiedene Emotionen vor und prüfe, welche am ehesten passt. Fühlt sich deine innere Unruhe eher wie Anspannung oder wie Traurigkeit an? Oft zeigt dir dein Körper, wenn du die richtige Emotion benennst, du spürst Erleichterung oder ein inneres Ja. Bewerte die Intensität deines Gefühls auf einer Skala von eins bis zehn. Das hilft dir, Abstand zu gewinnen. Du erkennst: Das Gefühl ist da, aber es ist nicht alles.

Gefühle zeigen sich im Körper. Spürst du einen Druck im Bauch, ein Ziehen im Brustkorb oder eine Enge im Hals? Über den Körper kannst du oft leichter erkennen, was du fühlst. Ist dein Gefühl ein dunkler Nebel, eine Welle, ein Stein oder ein Strom? Gib deinem Gefühl eine Form, eine Farbe, ein Gewicht – das macht es greifbarer. Schreib drauflos, ohne Ziel. Oft taucht beim Schreiben das eigentliche Gefühl auf. Frag dich: Was genau macht mich gerade unruhig? Was ärgert mich wirklich? Gibt es ein unerfülltes Bedürfnis?

Sprich mit deiner Emotion wie mit einem Menschen: Was willst du mir sagen? oder Was brauchst du von mir? Du wirst überrascht sein, wie deutlich die Antworten manchmal sind.

Wenn du deinem Gefühl einen Namen gibst, verliert es an Bedrohlichkeit. Es wird fassbar, erklärbar und damit veränderbar. Gefühle, die anerkannt werden, verändern sich oft von selbst. Sie verlieren an Wucht, an Dringlichkeit. Das Benennen ist kein reiner Denkvorgang, es ist eine Form der Selbstzuwendung.

Emotionale Differenzierung ist wie ein Muskel. Je öfter du sie übst, desto leichter wird sie dir fallen. Du musst nicht alles perfekt analysieren. Es reicht, wenn du beginnst, dich in emotional aufgeladenen Momenten zu fragen: Was fühle ich gerade, wirklich? Mit der Zeit wirst du dein inneres Erleben besser verstehen. Du wirst schneller erkennen, wann ein altes Muster aktiv ist, wann du automatisch reagierst und wann du bewusst etwas anderes wählen kannst. Emotionale Klarheit ist kein Ziel, das du erreichen musst. Sie ist ein Weg, und jeder Schritt zählt.

Praxisimpuls:

Nimm dir in den nächsten Tagen bewusst kleine Momente der Selbstwahrnehmung. Schon drei bis fünf Minuten reichen. Besonders hilfreich sind Zeiten, in denen du spürst, dass etwas in dir arbeitet.

1. **Innehalten**
   Setze dich ruhig hin, atme durch, schließe, wenn möglich, die Augen.
   - Was fühle ich gerade?
   - Ist es ein einzelnes Gefühl oder eine Mischung mehrerer?
2. **Benennen**
   Schreibe auf, was du wahrnimmst, ohne Bewertung. Nutze unterstützende Fragen:
   - Ist es eher Unsicherheit, Ärger, Überforderung oder Enttäuschung?
   - Wie stark ist das Gefühl auf einer Skala von eins bis zehn?
   - Was hat es möglicherweise ausgelöst?
3. **Körperwahrnehmung**
   Gehe mit der Aufmerksamkeit durch deinen Körper:
   - Wo spürst du das Gefühl?
   - Wie fühlt es sich an: Enge, Wärme, Druck, Schwere?
4. **Bild oder Metapher**
   Wenn Worte fehlen:
   - Wie würdest du das Gefühl als Bild beschreiben?
   - Wenn es ein Wetter wäre, welches wäre es?
   - Wenn es eine Farbe hätte, welche?

5. Reflexion

Stelle dir abschließend folgende Fragen:
- Was möchte mir dieses Gefühl sagen?
- Gibt es ein Bedürfnis, das sich darin zeigt?
- Welche Grenze könnte überschritten worden sein?

Wiederhole diese Übung regelmäßig. Du wirst merken: Mit jedem Mal entsteht mehr innere Ruhe, Klarheit und die Fähigkeit, dich nicht nur mit deinen Gefühlen auseinanderzusetzen, sondern auch mit ihnen zu arbeiten.

Umgang mit schwierigen Emotionen

Schwierige Emotionen gehören zum Leben. Doch unser erster Reflex ist oft, ihnen auszuweichen. Angst, Wut, Scham oder Traurigkeit fühlen sich unangenehm an, also versuchen wir, sie zu unterdrücken oder zu ignorieren. Wir lenken uns ab, flüchten uns in Arbeit, scrollen durch soziale Medien oder reden uns ein, dass es „schon nicht so schlimm" ist. Doch Gefühle, die du nicht fühlen willst, verschwinden nicht. Sie bleiben und suchen sich andere Wege. Oft zeigen sie sich dann körperlich, als Verspannung, Unruhe, Gereiztheit oder Schlaflosigkeit. Manchmal spürst du einfach, dass „etwas nicht stimmt", ohne benennen zu können, was es ist.

Der Wunsch, unangenehme Gefühle zu vermeiden, ist zutiefst menschlich. In gefährlichen Situationen ist diese Schutzfunktion überlebenswichtig. Doch wenn du beginnst, auch Emotionen wie Angst, Traurigkeit oder Wut zu vermeiden, gerätst du in einen inneren Widerspruch. Denn Gefühle, die du nicht zulässt, kannst du auch nicht verarbeiten. Die Forschung zeigt deutlich: Was du verdrängst, wird stärker. Der Psychologe Daniel Wegner fand heraus, dass unterdrückte Gedanken und Gefühle paradoxerweise präsenter werden. Was du nicht fühlen willst, drängt sich irgendwann umso deutlicher auf.

Und: Wer dauerhaft negative Gefühle abwehrt, spürt irgendwann auch die positiven weniger intensiv. Denn emotionale Vermeidung betrifft nicht nur einzelne Emotionen, sondern deine gesamte emotionale Bandbreite.

Wenn du Schmerz und Angst betäubst, betäubst du oft auch Freude, Begeisterung und Lebendigkeit. Vielleicht kennst du das Gefühl, dass du „funktionierst", aber innerlich nichts mehr richtig spürst. Du lachst, weil es erwartet wird, nicht weil dir wirklich danach ist. Das Leben fühlt sich grau an. Und wenn du zurückblickst, erkennst du womöglich: Du hast irgendwann aufgehört, traurig zu sein, weil du funktionieren musstest. Doch das, was du damals nicht gefühlt hast, ist geblieben, tief in dir.

Emotionen drücken sich auch körperlich aus. Wenn du Gefühle unterdrückst, bleibt dein Nervensystem in Alarmbereitschaft. Stresshormone wie Cortisol und Adrenalin werden ausgeschüttet, dein Körper steht unter Spannung, manchmal jahrelang. Du spürst es vielleicht in deinem Nacken, im Magen oder in deinem Schlaf. Du bist oft müde, aber kannst nicht abschalten. Dein Herz klopft schneller, obwohl du ruhig dasitzt. All das sind mögliche Signale unterdrückter Emotionen.

Die Psychosomatik zeigt: Was du nicht aussprichst, spricht dein Körper. Emotionen, die du nicht wahrnimmst, zeigen sich irgendwann in körperlichen Beschwerden. Der Neurowissenschaftler Antonio Damasio beschrieb eindrucksvoll, dass Emotionen nicht nur im Gehirn, sondern auch im Körper gespeichert werden, in Zellen, Geweben, Reaktionen. Wenn du über lange Zeit hinweg Wut, Scham oder Angst unterdrückst, entsteht ein Zustand, in dem du den Zugang zu deinen Gefühlen verlierst. Vielleicht sagst du dann Sätze wie: „Ich weiß gar nicht mehr, was ich eigentlich fühle." Die

Psychologie nennt diesen Zustand Alexithymie, die Unfähigkeit, eigene Emotionen klar zu benennen.

Der Umgang mit Gefühlen wird früh geprägt. Viele von uns haben gelernt: Stark ist, wer nicht weint. Traurigkeit ist Schwäche. Wut ist gefährlich. Die Botschaften kommen subtil, durch Blicke, Sätze, Schweigen. Unsere Gesellschaft idealisiert Glück und Erfolg. Wer traurig ist, scheint aus dem Rahmen zu fallen. Wer Angst hat, wird als unsicher empfunden. Kein Wunder also, dass viele Menschen ihre Gefühle lieber verstecken. Doch Gefühle haben eine Funktion. Sie sind nicht dein Feind. Angst warnt dich vor Gefahr. Wut zeigt dir, dass jemand deine Grenze verletzt hat. Traurigkeit hilft dir zu verarbeiten und loszulassen. Wenn du diese Emotionen verdrängst, verlieren sie ihre regulierende Kraft. Vielleicht hast du in einer wichtigen Situation nichts gesagt, aus Höflichkeit, aus Angst vor Konflikten. Erst später spürst du, wie sehr dich das belastet. Doch in dem Moment warst du zu sehr damit beschäftigt, ruhig zu bleiben. Auch das ist gelernt.

Du musst deine Gefühle nicht mögen, aber du darfst sie fühlen. Der erste Schritt ist, sie bewusst wahrzunehmen. Nicht reagieren, nicht analysieren, einfach spüren. Wo sitzt das Gefühl im Körper? Was löst es aus? Was will es dir sagen? Statt gegen das Gefühl anzukämpfen, kannst du neugierig sein. Warum ist es gerade da? Was liegt darunter? Vielleicht zeigt sich hinter deiner Gereiztheit eigentlich Enttäuschung. Hinter deiner Wut eine gekränkte Hoffnung. Hinter deiner Angst ein unerfülltes Bedürfnis nach Sicherheit.

Diese Haltung, achtsam, offen, nicht bewertend, verändert deinen Umgang mit dir selbst. Du musst nicht alles verstehen, aber du darfst alles wahrnehmen. In der Akzeptanz- und Commitment-Therapie lernt man, Gefühle wie Wellen zu sehen. Sie kommen, sie bauen sich auf, sie brechen und sie gehen wieder. Du bist nicht deine Emotion. Du bist der Ozean, nicht die Welle. Das macht einen Unterschied. Wenn du lernst, mit schwierigen Emotionen präsent zu bleiben, ohne dich von ihnen mitreißen zu lassen, gewinnst du emotionale Freiheit. Du wirst ruhiger, klarer und selbstwirksamer.

Praxisimpuls:

Nimm dir heute fünf bis zehn Minuten Zeit, um dich bewusst einer schwierigen Emotion zuzuwenden, die du sonst vermeidest.

1. **Wähle eine Emotion**
   Vielleicht ist es Traurigkeit, Scham, Angst oder Enttäuschung. Wähle nicht die heftigste, sondern eine, der du dich langsam annähern willst.
2. **Setze dich ruhig und aufrecht hin**
   Atme tief ein und aus. Schließe die Augen, wenn es sich für dich stimmig anfühlt.
3. **Spüre in dich hinein**
   Wo im Körper fühlst du dieses Gefühl? Wie fühlt es sich an: eng, heiß, dumpf, kribbelnd?

4. **Beobachte deine Gedanken**
   Welche Sätze tauchen auf? Versuchst du, das Gefühl zu bewerten, zu erklären oder zu verdrängen?
5. **Erlaube dir einen inneren Dialog**
   Was würde das Gefühl sagen, wenn es sprechen
   könnte?
   Was braucht es von dir: Trost, Ausdruck, Verständnis, Klarheit?

Wenn du magst, schreibe danach ein paar Zeilen in dein
Journal. Es genügt, das Gefühl zu benennen und deine
Beobachtungen festzuhalten. Du musst nichts verändern, das bewusste Erleben allein bringt bereits eine
neue Qualität.

Widerstand verstärkt das Leid

Viele Menschen begegnen ihren Gefühlen mit innerem Widerstand. Angst wird verdrängt, Wut unterdrückt, Traurigkeit möglichst rasch bekämpft. Der Impuls, schwierige Emotionen loswerden zu wollen, ist nachvollziehbar, doch genau dieser Widerstand macht das Leid größer. Gefühle, die du ablehnst, verschwinden nicht, sie verankern sich tiefer. Sie beeinflussen dein Denken, dein Verhalten und oft auch deinen Körper.

Akzeptieren heißt nicht aufgeben. Akzeptanz bedeutet nicht, dass du deine Emotionen gutheißen musst. Es heißt auch nicht, in ihnen stecken zu bleiben. Es bedeutet, sie wahrzunehmen, ohne dich von ihnen mitreißen zu lassen. Angst ist nicht automatisch gefährlich, Wut muss nicht explodieren, Traurigkeit darf da sein, ohne dass du sie sofort verändern musst. Wenn du eine Emotion benennst, ohne ihr auszuweichen, geschieht etwas Beruhigendes. Du gewinnst Abstand. Du bleibst handlungsfähig. Und paradoxerweise kann genau das die Emotion abschwächen.

Vielleicht kennst du das Gefühl, innerlich zu kochen, aber dir nichts anmerken zu lassen. Du bleibst höflich, gibst dir Mühe, kontrolliert zu wirken. Danach fühlst du dich erschöpft oder leer. Nicht die Emotion hat dich ausgelaugt, sondern dein Kampf dagegen. Oft befürchten wir, von unangenehmen Gefühlen überwältigt zu werden. Doch das Gegenteil ist der Fall. Der Kampf gegen Gefühle hält den Stress aufrecht. Dein Körper bleibt im

Alarmmodus. Gedanken kreisen, Anspannung steigt. Wenn du hingegen beginnst, deine Gefühle achtsam zu beobachten, verändert sich deine innere Dynamik. Studien zeigen, dass Menschen, die Emotionen bewusst wahrnehmen, weniger Aktivität im Angstzentrum des Gehirns zeigen. Gleichzeitig wird der präfrontale Kortex aktiv, jenes Areal, das dir hilft, bewusst zu regulieren.

Akzeptanz braucht einen sicheren Rahmen. Und dieser entsteht durch Selbstmitgefühl. Es ist der wohlwollende Umgang mit dir selbst, gerade dann, wenn du dich schwach oder verletzt fühlst. Doch viele Menschen begegnen sich mit Härte. Sätze wie „Reiß dich zusammen" oder „Das darf dich nicht so mitnehmen" klingen vertraut, nicht weil sie helfen, sondern weil wir sie gelernt haben.

Selbstmitgefühl heißt, mit dir zu sprechen wie mit einem guten Freund. Verständnis zeigen statt Verurteilung. Trost spenden statt Druck machen. Kristin Neff beschreibt es als Mischung aus Achtsamkeit, Selbstfreundlichkeit und dem Wissen, dass alle Menschen Leid erfahren. Es geht nicht um Selbstmitleid, sondern um eine konstruktive, stärkende Beziehung zu dir selbst.

Beobachte, wie du mit dir sprichst, wenn du scheiterst, zweifelst oder leidest. Würdest du so auch mit jemandem sprechen, den du liebst? Wenn nicht, lade dich ein, neue Worte zu finden. Sätze wie „Kein Wunder, dass mich das belastet" oder „Ich darf traurig sein" öffnen innere Räume. Sie wirken beruhigend, aktivieren dein parasympathisches Nervensystem und unterstützen emotionale Regulation. Auch dein Körper kann dir dabei helfen. Leg eine Hand auf dein Herz. Atme tief durch. Spüre den Kontakt. Kleine Gesten, bewusst, freundlich, zugewandt, haben eine erstaunlich große Wirkung.

Ein verbreiteter Irrtum ist, dass Selbstmitgefühl zu Nachlässigkeit führt. Studien zeigen jedoch: Menschen mit Selbstmitgefühl übernehmen mehr Verantwortung. Sie entwickeln mehr Ausdauer, geben bei Rückschlägen nicht so schnell auf. Sie motivieren sich nicht durch Druck, sondern durch Fürsorge. Sie setzen sich weiterhin Ziele, aber sie verurteilen sich nicht, wenn sie scheitern. Wenn du lernst, deine Gefühle mitfühlend zu begleiten, erkennst du auch ihre Botschaften klarer. Angst zeigt dir vielleicht, dass du Sicherheit brauchst. Wut kann dich auf eine verletzte Grenze hinweisen. Traurigkeit hilft dir, etwas loszulassen. Je mehr du dich öffnest, desto weniger Macht haben deine Gefühle über dich. Du wirst ruhiger, klarer, echter.

Wenn du dir selbst zuhörst, dich ernst nimmst und dich innerlich stützt, verändert sich nicht nur dein Inneres, sondern auch deine Beziehungen. Du wirst weniger reaktiv, offener für andere Perspektiven, empathischer. Wer mit sich selbst in gutem Kontakt ist, muss andere nicht angreifen oder sich verstecken.

Akzeptanz und Selbstmitgefühl sind keine Techniken, die du einmal lernst. Sie sind Haltungen, die du Schritt für Schritt entwickeln kannst. Vielleicht beginnst du mit

einem bewussten Atemzug am Morgen. Mit einer liebevollen Geste nach einem anstrengenden Tag. Oder mit
einem einzigen Satz: „Ich darf fühlen, was ich fühle."

Praxisimpuls:

Nimm dir heute bewusst drei Minuten Zeit, um mit dir in
Kontakt zu kommen. Du brauchst nichts zu verändern,
nur wahrzunehmen.

1. **Setze dich aufrecht und bequem hin**
   Lege eine Hand auf dein Herz oder deinen Bauch.
   Atme langsam und ruhig durch die Nase ein und
   durch den Mund wieder aus.
2. **Sprich innerlich einen der folgenden Sätze:**
   Ich darf fühlen, was ich gerade fühle.
   Es ist okay, wenn es mir schwerfällt.
   Ich bin für mich da, so wie ich jetzt bin.
3. **Bleibe einen Moment bei dieser Haltung.**
   Spüre die Wärme deiner Hand.
   Beobachte, ob sich etwas in deinem Körper verän-
   dert.

Tipp: Du kannst diese Übung jeden Tag wiederholen, besonders in Momenten, in denen du dich angespannt,
überfordert oder innerlich hart zu dir selbst fühlst.

Wenn Stress zur inneren Belastung wird

Stress ist ein alltäglicher Begleiter, doch emotionaler Stress wirkt tiefer. Er gräbt sich in deine Gedanken, beeinflusst deine Stimmung und kann Beziehungen belasten. Oft bleibt er unsichtbar, aber spürbar. Er wirkt im Hintergrund, raubt Energie, stört den Schlaf und lässt dich überreagieren, ohne genau zu wissen, warum. Es ist nicht nur der Termindruck oder die Flut an Aufgaben, die dich erschöpfen, es ist die ständige innere Anspannung, das Gefühl, immer bereit sein zu müssen, nie ganz zur Ruhe zu kommen.

Chronischer Stress bringt das innere Gleichgewicht aus der Balance. Dein Körper produziert vermehrt Cortisol, ein Hormon, das bei dauerhafter Ausschüttung das Immunsystem schwächt, Entzündungsprozesse fördert und sogar das Gehirn verändert. Die Amygdala, das emotionale Alarmsystem, bleibt ständig aktiv. Gleichzeitig dämpft sich die Funktion jenes Bereichs im Gehirn, der dir hilft, bewusst zu steuern: der präfrontale Kortex. In der Folge wirst du anfälliger für Reizüberflutung, verlierst leichter den Überblick und reagierst oft impulsiver, als dir lieb ist.

Doch genau hier kannst du ansetzen. Mit einfachen Mitteln lernst du, deinen inneren Stresskreislauf zu unterbrechen. Schritt für Schritt stärkst du deine Resilienz, und damit deine Fähigkeit, auch in stürmischen Zeiten ruhig und handlungsfähig zu bleiben. Es geht nicht darum, nie mehr gestresst zu sein, sondern darum, dein

System so zu regulieren, dass du schneller zurück in dein Gleichgewicht findest.

Der Vagusnerv ist der Hauptnerv des parasympathischen Systems, jenes Teils deines Nervensystems, der für Ruhe und Regeneration sorgt. Ist der Vagus gut trainiert, reagierst du gelassener auf Stress und kommst schneller wieder in einen entspannten Zustand zurück. Diese Fähigkeit wird als Vagalton bezeichnet, und sie lässt sich stärken, ähnlich wie ein Muskel.

Du kannst ihn aktivieren, ganz ohne Medikamente. Eine einfache Übung ist die bewusste Verlängerung der Ausatmung. Atme vier Sekunden ein, halte den Atem sieben Sekunden an und atme dann acht Sekunden lang aus. Auch Summen, Gurgeln oder Singen wirken über Vibrationen im Kehlkopf direkt auf den Vagusnerv. Diese Techniken wirken oft schneller, als man denkt – nicht nur physiologisch, sondern auch psychisch. Denn dein Nervensystem sendet dem Gehirn das Signal: Es ist sicher, du darfst entspannen. Schon wenige Minuten täglich genügen, um dein Nervensystem zu stärken. Es ist weniger entscheidend, was du tust, vielmehr entscheidend ist, dass du es regelmäßig tust. Die Wiederholung formt neue Muster. Rituale wirken beruhigend, weil sie Sicherheit geben, deinem Geist wie deinem Körper.

Emotionale Anspannung staut sich oft im Körper. Schultern ziehen sich hoch, der Nacken wird hart, der Atem flach. Bewegung ist ein natürliches Ventil. Schon ein kurzer Spaziergang kann helfen, Stresshormone abzubauen. Besonders hilfreich sind fließende, ruhige Bewegungen wie beim Yoga, beim Qigong oder beim bewussten Dehnen. Auch freies Tanzen, Schütteln oder lockeres Strecken können helfen, angestaute Energie loszuwerden. Diese Bewegungen beruhigen nicht nur, sie bringen dich auch zurück in deinen Körper. Und das ist oft der erste Schritt, um aus dem Gedankenkarussell auszusteigen. Wer seinen Körper spürt, ist präsenter. Und wer präsenter ist, verliert sich weniger leicht in innerem Druck.

Oft sind es nicht die Umstände selbst, die dich stressen, sondern deine Bewertung. Der Satz „Ich schaffe das nicht" löst anderen Stress aus als „Ich gebe mein Bestes". Du kannst lernen, deine Gedanken bewusst zu hinterfragen. Nicht um dir etwas schönzureden, sondern um neue Perspektiven zu finden. Ein hilfreicher Gedanke kann sein: „Ich darf einen Schritt nach dem anderen gehen." Oder: „Ich bin nicht allein, ich darf um Unterstützung bitten."

Wenn du dir sagst: „Ich darf Fehler machen", verändert sich deine innere Haltung. Du beginnst, dich selbst zu beruhigen, statt dich unter Druck zu setzen. Auch das Schreiben kann helfen: Ein Gedankenprotokoll, ein Reflexionstagebuch oder ein bewusster Abschluss des Tages mit einem Satz wie „Ich habe heute mein Möglichstes getan" kann helfen, den inneren Stress zu mildern.

Eine einfache, aber wirkungsvolle Methode ist die bilaterale Stimulation. Du klopfst im Sitzen abwechselnd mit der linken und rechten Hand auf deine Oberschenkel. Dieser rhythmische Reiz hilft deinem Gehirn, emotionale Informationen besser zu verarbeiten. Ursprünglich aus der Traumatherapie stammend, eignet sich die Technik auch für akute Stresssituationen. Sie wirkt beruhigend, stabilisierend und zentrierend. Sie hilft, aus innerer Erstarrung herauszukommen und wieder ins Hier und Jetzt zu finden.

Deine Ernährung hat direkten Einfluss auf dein Nervensystem. Magnesium entspannt Muskeln und Geist. Omega-3-Fettsäuren wirken entzündungshemmend und stabilisierend. Und dein Darm, das sogenannte zweite Gehirn, produziert den Großteil des körpereigenen Serotonins. Achte deshalb auf eine ausgewogene Ernährung mit vielen Ballaststoffen und fermentierten Lebensmitteln. Auch ausreichend Wasser, wenig Zucker und regelmäßige Mahlzeiten unterstützen dich, in deinem Gleichgewicht zu bleiben.

Der Mensch ist ein soziales Wesen. Nähe, Verbindung und Gespräche wirken wie ein Gegengift zu innerem Stress. Oxytocin, das sogenannte Bindungshormon, wird ausgeschüttet, wenn du Zuwendung erlebst. Es beruhigt dein Nervensystem, fördert Vertrauen und lässt dich sicherer fühlen. Suche deshalb bewusst den Kontakt. Auch kleine Gesten wie ein kurzes Gespräch, eine Berührung oder ein Lächeln haben große Wirkung, gerade in herausfordernden Zeiten.

Wenn du lernst, auf mehreren Ebenen mit deinem Stress umzugehen, körperlich, emotional, gedanklich und sozial, stärkst du nicht nur deine Widerstandskraft. Du beginnst, dir selbst mit mehr Verständnis und Fürsorge zu begegnen. Und genau darin liegt ein Schlüssel für mehr innere Ruhe, Selbstregulation und Lebensqualität.

Praxisimpuls:

Nimm dir heute zehn Minuten Zeit, um deinen emotionalen Stress bewusster wahrzunehmen.

1. Was hat dich heute emotional besonders belastet? War es eine Begegnung, ein Gedanke, ein Moment der Überforderung?
2. Wie hat sich dieser Stress körperlich gezeigt? Verspannung, schneller Atem, Unruhe, Druck im Kopf oder im Magen?
3. Was hast du getan, oder was hättest du tun können, um dich zu beruhigen? Bewegung, Atmung, Gespräch, Abstand?
4. Welche kleine Übung nimmst du dir für morgen vor? Vielleicht eine Atemtechnik, ein achtsamer Spaziergang oder ein freundlicher Gedanke?

Tipp: Wiederhole diese Reflexion regelmäßig, vielleicht einmal pro Woche. Mit der Zeit entsteht so ein persönliches Repertoire an Stressbewältigungsstrategien, die wirklich zu dir passen.

Die Kraft positiver Emotionen nutzen

Positive Emotionen haben eine tiefgreifende Wirkung auf dein gesamtes Erleben. Vielleicht hast du schon einmal erlebt, wie ein liebevoller Blick, ein aufrichtiges Kompliment oder ein kleiner Moment des Gelingens deine Stimmung vollkommen verändert hat. Solche Augenblicke sind mehr als nur angenehm, sie erweitern deinen inneren Raum, sie lassen dich aufatmen, neue Perspektiven erkennen, schenken dir Leichtigkeit und machen dich offener für das Leben. Diese Wirkung ist nicht nur spürbar, sie ist auch messbar – in deinem Gehirn, in deinem Körper, in deinem Verhalten.

Die Psychologin Barbara Fredrickson beschreibt diesen Zusammenhang mit ihrer „Broaden-and-Build"-Theorie. Positive Emotionen erweitern deine Wahrnehmung, sie lassen dich mehr sehen, hören, fühlen. Sie schaffen einen inneren Spielraum, in dem neue Ideen wachsen können. Während Emotionen wie Angst oder Wut deinen Fokus verengen und dich auf Gefahr oder Abwehr ausrichten, öffnen dich Freude, Neugier oder Dankbarkeit für Zusammenhänge, für Verbindung, für Lösungen. Du kannst andere besser verstehen, dein Handeln bewusst gestalten, neue Lösungswege entdecken. Dein Gehirn wird flexibler, kreativer, entscheidungsfähiger. Und dieser Effekt hält nicht nur kurzfristig an, sondern baut langfristige Ressourcen auf, die dich tragen.

Diese Wirkung ist nicht nur psychologisch, sondern auch neurobiologisch belegt. Freude aktiviert dein Belohnungssystem. Es wird Dopamin ausgeschüttet, ein

Botenstoff, der Motivation und Lernen fördert. Wenn du dich bewusst auf positive Erfahrungen einlässt, stärkst du die neuronalen Bahnen, die mit diesen Erfahrungen verbunden sind. Dankbarkeit wirkt auf ähnliche Weise. Sie aktiviert den präfrontalen Kortex, eine Gehirnregion, die für bewusste Steuerung, Weitblick und emotionale Regulation zuständig ist. Mit jeder Wiederholung dieser positiven Impulse veränderst du die Architektur deines Gehirns. Du trainierst dich darauf, auch in schwierigen Situationen einen positiven Fokus zu finden.

Die sogenannte „Losada Ratio" zeigt, wie wichtig diese Balance ist. Studien belegen, dass du mindestens drei positive Erfahrungen brauchst, um eine negative auszugleichen. Besonders resiliente Menschen kommen auf ein Verhältnis von fünf zu eins. Das heißt nicht, dass du unangenehme Gefühle verdrängen sollst. Sie haben ihre Berechtigung. Aber du kannst dich bewusst entscheiden, dem Positiven mehr Raum zu geben, um dein inneres Gleichgewicht zu stärken. Dazu braucht es keine großen Ereignisse. Freude und Dankbarkeit sind wie Pflanzen, die du pflegen kannst. Vielleicht beginnst du morgens mit einem dankbaren Blick aus dem Fenster, einem stillen Moment bei einer Tasse Tee, einem wertschätzenden Gedanken über jemanden, der dir nahesteht. Es sind diese kleinen Gesten der Aufmerksamkeit, die dein Erleben nachhaltig verändern können.

Diese Haltung hat auch Wirkung auf dein Umfeld. Deine Emotionen bleiben nicht bei dir. Wenn du Dankbarkeit ausdrückst, wenn du mit einem ehrlichen Lächeln begegnest, wenn du Mitgefühl zeigst, entsteht Resonanz. Positive Emotionen sind ansteckend. Menschen in

einem positiv gestimmten Umfeld erleben sich als kreativer, verbundener, stabiler. Deine innere Haltung beeinflusst dein soziales Miteinander. Und sie stärkt die
Qualität deiner Beziehungen.

Je häufiger du dich bewusst für das Positive entscheidest, desto stabiler werden diese inneren Zustände. Die
Neurowissenschaft nennt das Neuroplastizität. Dein Gehirn formt neue Verbindungen durch Wiederholung. Du
baust dir ein inneres Sicherheitsnetz auf, das dich auf-
fangen kann, wenn es im Außen stürmisch wird. Auch
dein Körper reagiert auf diese Prozesse. Positive Emotionen senken den Cortisolspiegel, stärken das Immunsystem, verbessern die Herzfrequenzvariabilität und unterstützen die Regeneration. Dein Nervensystem findet
leichter in die Balance. Du fühlst dich verbundener – mit
dir selbst, mit anderen, mit dem Leben.

Wenn du das nächste Mal einen Moment der Freude erlebst, bleib bewusst darin. Nimm ihn wahr, spüre ihn,
vielleicht schreibst du dir später ein paar Zeilen dazu auf.
Du lenkst damit deine Aufmerksamkeit auf das, was dich
stärkt. Nicht, um Schmerz zu vermeiden, sondern um
dich mit Kraft zu versorgen.

Praxisimpuls:

Nimm dir heute Abend drei Minuten Zeit. Setze dich mit
einem Notizbuch hin und beantworte schriftlich:

1. Wofür war ich heute dankbar?
2. Welcher Moment hat mir Freude bereitet, auch
   wenn er klein war?

3. Was oder wer hat heute mein Herz berührt?

Mach dieses kleine Ritual zur Gewohnheit, am besten täglich, zur gleichen Zeit. Du wirst sehen: Dein Blick auf dich selbst und deine Welt verändert sich. Und mit jedem positiven Gedanken stärkst du die neuronalen Verbindungen in deinem Gehirn, die dich resilient, offen und verbunden machen.

Die Rolle von positiven Routinen

Positive Routinen sind weit mehr als bloße Gewohnheiten, sie formen dein Denken, dein Verhalten und letztlich dein gesamtes Leben. Oft sind wir uns gar nicht bewusst, wie stark unser Alltag von Routinen geprägt ist. Der erste Griff am Morgen zum Smartphone, die Art und Weise, wie du deinen Kaffee zubereitest oder wie du mit anderen Menschen kommunizierst – all das sind eingeprägte Muster, die dein Gehirn aus Effizienzgründen automatisiert hat. Doch wenn Routinen so viel Macht über dich haben, warum nutzt du sie nicht bewusster, um deine emotionale und geistige Gesundheit zu stärken?

Psychologische Forschungen zeigen, dass Gewohnheiten eng mit der Struktur und Funktion des Gehirns verknüpft sind. Der Neurowissenschaftler Donald Hebb prägte das Prinzip „Neurons that fire together, wire together": Neuronen, die gemeinsam aktiviert werden, vernetzen sich stärker. Das bedeutet, dass wiederholte Verhaltensweisen tief in deinem Gehirn verankert werden. Je öfter du positive Routinen praktizierst, desto automatischer und müheloser werden sie. Studien zeigen, dass es durchschnittlich etwa 66 Tage dauert, bis sich eine neue Gewohnheit stabil verankert. Das ist eine Investition, die sich langfristig auszahlt. Ein interessanter Aspekt dabei ist, dass dein Gehirn ständig versucht, Energie zu sparen. Routinen helfen dabei, weil sie kognitive Ressourcen schonen. Wenn du zum Beispiel jeden Morgen zur gleichen Zeit meditierst, wird diese Handlung bald ganz selbstverständlich. Dein Gehirn erkennt das Muster und unterstützt dich dabei, in den gewünschten Zustand zu kommen, ganz ohne inneren Widerstand.

Viele Menschen hetzen von einer Aufgabe zur nächsten, ohne innezuhalten. Doch was wäre, wenn du Übergänge bewusst nutzen würdest, um zur Ruhe zu kommen? Stell dir vor, du atmest jedes Mal tief durch, bevor du einen neuen Raum betrittst. Oder du erinnerst dich an etwas Positives, bevor du jemanden anrufst. Solche Mini-Routinen helfen dir, präsent zu bleiben. Laut der sogenannten Habit-Loop-Theorie bestehen Gewohnheiten aus Auslöser, Routine und Belohnung. Wenn du neue, positive Routinen an bereits bestehende knüpfst, erhöht das die Wahrscheinlichkeit, dass du sie beibehältst.

Eine clevere Methode, um Routinen attraktiver zu gestalten, ist das sogenannte Temptation Bundling: Du verknüpfst eine gewünschte Gewohnheit mit etwas Angenehmem. Zum Beispiel erlaubst du dir deine Lieblingsserie nur, wenn du gleichzeitig auf dem Ergometer trainierst. Oder du trinkst deinen Lieblingskaffee nur während deines Vokabeltrainings. So wird die Routine mit einer Belohnung verknüpft, das erhöht die Motivation. Gleichzeitig kannst du sogenannte Zufallsfreuden bewusst in deinen Alltag einbauen. Ungeplante positive Erlebnisse haben oft eine besonders intensive Wirkung. Wie wäre es, wenn du dir einmal pro Woche eine kleine Überraschung gönnst? Vielleicht ein Spaziergang an einem neuen Ort, eine spontane Nachricht an einen lieben Menschen oder ein kurzer Abstecher in einen Laden, den du noch nie betreten hast.

Unsere Umgebung beeinflusst unser Verhalten stärker, als wir glauben. Wer gesünder essen will, sollte gesunde Snacks sichtbar platzieren. Wer mehr lesen möchte, kann Bücher im Wohnraum verteilen. Diese bewusste Gestaltung nennt man Choice Architecture. Sie hilft dir, die Schwelle zu neuen Gewohnheiten niedrig zu halten und positive Routinen zu fördern.

Viele Routinen dienen der Effizienz. Doch auch bewusste Langsamkeit kann eine heilsame Gewohnheit sein. Nimm dir täglich eine Aktivität vor, die du achtsam und langsam tust, zum Beispiel langsames Essen, bewusstes Zuhören oder ein achtsamer Spaziergang. Studien zeigen, dass solche Momente das Stressniveau senken und die emotionale Selbstwahrnehmung verbessern. Routinen werden nachhaltiger, wenn du sie mit anderen teilst. Ob regelmäßiger Austausch, gemeinsame Bewegung oder gegenseitige Motivation, soziale Unterstützung erhöht die Verbindlichkeit. Du kannst mit einer Freundin gemeinsam meditieren, mit einem Kollegen ein tägliches Check-in-Ritual etablieren oder deine Ziele in einer Gruppe teilen.

Stell dir täglich die Frage: Was kann ich heute tun, wofür mein Zukunfts-Ich mir dankbar sein wird? Vielleicht bereitest du eine Mahlzeit für den nächsten Tag vor, räumst einen Bereich deiner Wohnung auf oder schreibst dir selbst eine kleine Nachricht mit einer liebevollen Erinnerung. Studien zeigen, dass Menschen, die regelmäßig an ihr zukünftiges Selbst denken, gesündere Entscheidungen treffen und langfristig zufriedener sind.

Praxisimpuls:

Nimm dir heute zehn Minuten Zeit, um eine kleine Routine zu finden, die deine emotionale Gesundheit stärkt.

1. Welche kleine Handlung würde dir guttun, wenn du sie täglich durchführst?
   Ist es ein Moment der Stille, ein achtsames Glas Wasser, ein liebevoller Blick in den Spiegel?
2. Wann im Tagesablauf wäre der richtige Moment dafür?
   Morgens nach dem Aufstehen, vor dem Schlafengehen oder als bewusster Übergang zwischen zwei Aufgaben?
3. Womit könntest du diese Routine angenehm verknüpfen?
   Mit Musik, einer Tasse Tee, einem kurzen Spaziergang oder einem inspirierenden Gedanken?
4. Wie kannst du dich regelmäßig daran erinnern?
   Vielleicht durch ein Symbol, einen Wecker, ein Bild oder eine Nachricht an dich selbst?

Wiederhole diese Übung wöchentlich. Passe deine Routine an, wenn sie sich nicht stimmig anfühlt und feiere jeden kleinen Schritt, der dich in Richtung innerer Balance führt. Mit der Zeit wird daraus ein fester Anker in deinem Alltag.

Übungen für mehr Glück und Zufriedenheit

Glück und Zufriedenheit sind keine Zufallsprodukte. Sie entstehen durch bewusste Entscheidungen, durch deine innere Haltung und durch die Art, wie du deinen Alltag gestaltest. Vielleicht glaubst du manchmal, dein Wohlbefinden hänge vor allem von äußeren Umständen ab: vom Wetter, von der Laune anderer Menschen, vom Kontostand oder vom beruflichen Erfolg. Doch psychologische Forschungen zeigen: Dein eigenes Verhalten und deine Denkweise haben einen viel größeren Einfluss, als du vielleicht denkst. Rund 50 Prozent deines Glücksempfindens mögen genetisch bedingt sein, doch ganze 40 Prozent hängen direkt mit deiner Lebensweise zusammen. Das bedeutet: Du hast jeden Tag Einfluss darauf, wie du dich fühlst. Diese Erkenntnis ist befreiend. Sie nimmt dir nicht den Schmerz, den das Leben manchmal mit sich bringt, aber sie gibt dir Handlungsspielraum. Du bist nicht ausgeliefert. Du kannst bewusst gestalten. Glück ist keine permanente Hochstimmung, sondern ein innerer Zustand, der durch kleine Momente, wiederholte Erfahrungen und liebevolle Gewohnheiten genährt wird.

Vielleicht hast du schon erlebt, wie eine kleine Veränderung dein Wohlbefinden deutlich verbessert hat – ein neues Hobby, eine kleine Umstellung in deiner Morgenroutine oder ein besonders schöner Moment mit einem lieben Menschen. Doch oft scheitern wir nicht am Wissen, sondern an der Umsetzung. Der Schlüssel liegt in gezielten Übungen, die dein Gehirn darauf trainieren,

Glück nicht nur als seltenen Zufall zu erleben, sondern als bewussten Zustand, den du kultivieren kannst.

Eine besonders wirkungsvolle Übung ist das Erschaffen eines persönlichen Glücksankers. Wähle ein kleines Objekt, das du häufig bei dir trägst, ein Armband, einen Stein, einen Anhänger. Jedes Mal, wenn du einen Moment der Freude erlebst, berühre dieses Objekt und atme tief ein. Mit der Zeit verknüpft dein Gehirn diesen Gegenstand mit positiven Emotionen. Du kannst dieses Objekt auch bewusst gestalten: Male ein kleines Sonnensymbol darauf, das für Licht, Lebendigkeit und innere Wärme steht. So wird dein Glücksanker zu einem mobilen Kraftspender, den du jederzeit nutzen kannst, um dich mit deiner inneren Quelle des Wohlbefindens zu verbinden.

Ein weiteres kraftvolles Werkzeug ist die Technik der kognitiven Neubewertung. Unser Gehirn ist von Natur aus darauf programmiert, Gefahren schneller zu erkennen als Chancen. Das war evolutionär überlebenswichtig. Doch in unserem Alltag führt es dazu, dass wir das Negative überbewerten. Du kannst dem bewusst entgegenwirken, indem du abends eine Situation aufschreibst, die dich gefordert hat. Frage dich: „Was habe ich daraus gelernt?". „Welche innere Stärke hat mir geholfen?". „Welche neue Perspektive kann ich daraus gewinnen?" Diese Fragen helfen deinem Gehirn, neue neuronale Verknüpfungen aufzubauen, die dich resilienter und optimistischer machen.

Auch das Geben von Wertschätzung ist eine Übung mit erstaunlicher Wirkung. Mache es dir zur Gewohnheit, jeden Tag mindestens einer Person ein ehrliches, konkretes Kompliment zu machen. Vielleicht für ihre Geduld, ihren Humor oder ihre Klarheit. Studien zeigen: Wer regelmäßig Wertschätzung ausdrückt, aktiviert im Gehirn dieselben Zentren wie beim Empfangen einer Belohnung. Du machst also nicht nur anderen eine Freude, du stärkst auch dein eigenes Glücksempfinden.

Manchmal braucht Glück Raum. Raum, der durch inneren Lärm blockiert ist. Gedanken, Sorgen, Planungen. Eine einfache Übung, um Klarheit zu schaffen: Nimm dir fünf Minuten Zeit und schreibe ungefiltert alles auf, was dir gerade durch den Kopf geht. Danach zerreiße oder verbrenne den Zettel. Diese symbolische Handlung hilft deinem Geist, sich von überflüssigem Ballast zu lösen, wie frische Luft für deine Seele.

Auch die Kraft der Neugier kann dein Wohlbefinden steigern. Verlasse bewusst deine gewohnten Wege. Gehe einen anderen Weg zur Arbeit. Probiere ein neues Gericht. Lese ein Buch in einem Genre, das du sonst meidest. Sprich mit jemandem, den du sonst nur flüchtig grüßt. Dein Gehirn liebt neue Erfahrungen, denn sie regen die Dopaminausschüttung an. Schon ein kleines Alltagsabenteuer kann genügen, um dich lebendiger zu fühlen.

Eine sehr greifbare Übung ist das sogenannte Dankbarkeitsglas. Stelle dir ein leeres Glas an einen sichtbaren

Ort. Jeden Tag schreibst du einen kleinen Glücksmoment auf einen Zettel und wirfst ihn hinein. Das kann ein Lachen, ein Erfolg, eine schöne Begegnung oder ein liebevoller Gedanke sein. An schwierigen Tagen ziehst du einen Zettel heraus, und erinnerst dich: Glück ist da. Es kommt wieder. Diese Übung verankert positive Erfahrungen tiefer in deinem Gedächtnis und stärkt deine emotionale Widerstandskraft.

Einmal im Monat kannst du innehalten und bewusst drei Dinge festhalten, in denen du dich weiterentwickelt hast. Vielleicht bist du geduldiger geworden. Vielleicht hast du es geschafft, in einem schwierigen Gespräch bei dir zu bleiben. Vielleicht hast du dir mehr Pausen gegönnt oder deinen inneren Kritiker liebevoll in die Schranken gewiesen. Indem du deine Fortschritte bewusst wahrnimmst, stärkst du dein Selbstvertrauen und trainierst dein Gehirn, den Blick nicht nur auf das Fehlende, sondern auf das Gewachsene zu richten.

Praxisimpuls:

Nimm dir heute zehn Minuten Zeit für dich. Halte inne und frage dich:

1. Welche der Übungen spricht mich spontan an?
2. Wie könnte ich sie konkret in meinen Alltag einbauen?
3. Was hat sich in letzter Zeit positiv verändert?
4. Welche zweite Übung würde ich gerne ausprobieren?

Notiere deine Gedanken. Schon das Schreiben selbst vertieft deine Achtsamkeit für das Positive. Mit jeder Wiederholung veränderst du dein inneres Erleben. Nicht auf einen Schlag, aber in liebevollen Schritten.

Glück besteht nicht in großen Momenten, sondern in deiner Bereitschaft, die kleinen zu bemerken und ihnen Raum zu geben. Es ist eine Entscheidung, wieder und wieder. Eine Entscheidung für das Leben.

Selbstwahrnehmung und Empathie stärken

Emotionale Intelligenz ist eine Fähigkeit, die dein gesamtes Leben beeinflusst. Sie entscheidet mit darüber, wie du mit dir selbst umgehst, wie du deine Beziehungen gestaltest, wie du Konflikte löst und wie gut du dich in andere hineinversetzen kannst. Menschen mit hoher emotionaler Intelligenz sind in der Lage, ihre Gefühle bewusst wahrzunehmen, zu benennen und konstruktiv zu steuern. Sie können mit unangenehmen Emotionen wie Ärger, Angst oder Enttäuschung umgehen, ohne sich darin zu verlieren. Gleichzeitig sind sie offen für die Gefühlslagen anderer, erkennen unausgesprochene Signale und begegnen ihrem Umfeld mit Empathie und Respekt.

Diese Fähigkeit ist keine angeborene Eigenschaft, sondern kann gezielt entwickelt werden. Studien zeigen, dass emotionale Intelligenz ein entscheidender Erfolgsfaktor im Beruf, in Beziehungen und für das allgemeine Wohlbefinden ist. Sie wirkt sich positiv auf deine Stressregulation, deine Kommunikation, deine Resilienz und deine Lebenszufriedenheit aus. Sie hilft dir, klarer zu denken, besonnener zu handeln und dich auch in stürmischen Zeiten innerlich stabil zu fühlen.

Der erste Schritt zur Stärkung deiner emotionalen Intelligenz ist die bewusste Selbstbeobachtung. Nimm dir täglich ein paar Minuten Zeit, um innezuhalten und zu fragen: Was fühle ich gerade? Warum fühle ich das? Wie reagiere ich darauf? Ein Emotionstagebuch kann dir dabei helfen, mehr Klarheit zu gewinnen. Es geht nicht darum, ständig alles zu analysieren, sondern darum, deine Innenwelt besser kennenzulernen. Wenn du erkennst, welche Situationen dich überfordern oder welche Menschen dich inspirieren, kannst du gezielter Entscheidungen treffen, die dir guttun.

Eine besonders wirksame Technik ist die metemotionale Wahrnehmung. Sie beschreibt die Fähigkeit, deine eigenen Gefühle mit Abstand zu betrachten. Du wirst zur Beobachter:in deiner Emotionen, statt dich vollständig mit ihnen zu identifizieren. Diese Distanz erlaubt dir, nicht impulsiv zu handeln, sondern bewusst zu reagieren. Stell dir vor, du betrachtest dein Gefühl wie eine Wolke, die kommt und wieder geht. Du musst ihr nicht folgen. Du kannst sie einfach wahrnehmen und entscheiden, ob du ihr Bedeutung geben willst.

Diese Haltung wird durch Achtsamkeit gestärkt. Wenn du lernst, in stressigen Situationen kurz innezuhalten, tief durchzuatmen und nicht sofort zu handeln, übst du emotionale Selbstregulation. Du verlässt den Autopilot und wirst handlungsfähig. Achtsamkeit bedeutet, mitfühlend mit dir selbst zu sein und zugleich klar zu bleiben. Auch Meditation, Yoga oder bewusste Gehpausen können diesen inneren Raum erweitern.

Ein zentraler Aspekt emotionaler Intelligenz ist Empathie. Sie meint nicht Mitleid, sondern das aufrichtige Bemühen, einen anderen Menschen zu verstehen. Du kannst Empathie im Alltag trainieren, indem du

Gespräche nicht nur mit dem Kopf, sondern mit dem Herzen führst. Höre wirklich zu, stelle Fragen, achte auf Zwischentöne. Empathie zeigt sich nicht nur in Worten, sondern auch in deiner Haltung. Wenn du merkst, dass jemand mit sich ringt, kannst du präsent bleiben, ohne zu bewerten oder sofort Lösungen anzubieten. Manchmal ist echtes Verstehen wichtiger als gut gemeinter Rat.

Deine Kommunikationsweise sagt viel über deine emotionale Intelligenz aus. Nutze Ich-Botschaften, um Konflikte zu entschärfen. Statt „Du hast mich verletzt" könntest du sagen: „Ich habe mich verletzt gefühlt, als...". So übernimmst du Verantwortung für dein Erleben und ermöglichst deinem Gegenüber, sich zu öffnen. In Gesprächen kannst du bewusst auf deine Körpersprache achten: Blickkontakt, eine offene Haltung, ein ruhiger Tonfall vermitteln Sicherheit und Interesse. Wenn du spürst, dass jemand emotional dichtmacht, frage dich: Was braucht dieser Mensch gerade? Was braucht vielleicht auch mein eigenes Inneres in diesem Moment?

Emotionale Intelligenz zeigt sich auch in deiner Selbstführung. Das bedeutet, dass du dir selbst gegenüber ehrlich und liebevoll bleibst. Du erkennst deine Grenzen und übst dich darin, Nein zu sagen, wenn es nötig ist. Du sorgst für dich, statt dich für andere aufzubrauchen. Und du feierst deine Fortschritte, auch wenn sie klein erscheinen. Selbstmitgefühl ist ein unterschätzter Bestandteil emotionaler Intelligenz. Es bedeutet, dir in schwierigen Momenten mit derselben Wärme zu begegnen, die du einem guten Freund schenken würdest.

Emotionale Intelligenz ist kein Ziel, das du einmal erreichst. Sie ist ein Weg, der sich mit jedem Schritt vertieft. Du kannst sie täglich üben – durch Selbstbeobachtung, achtsames Zuhören, klare Kommunikation und empathische Begegnung. Je mehr du diesen Weg gehst, desto klarer wirst du in deinem Fühlen, bewusster in deinem Handeln und verbundener mit dir selbst und anderen.

Praxisimpuls:

1. Welche Emotion hast du in einer konkreten Alltagssituation erlebt?
   War es Wut, Enttäuschung, Unsicherheit oder Erleichterung?
2. Wie hast du darauf reagiert – innerlich und äußerlich?
   Bist du in die Defensive gegangen, hast du dich zurückgezogen, hast du dich geöffnet?
3. Was hättest du in diesem Moment gebraucht?
   Klarheit, Zeit, Rücksicht, Verständnis, Mut?
4. Was glaubst du, hat dein Gegenüber gebraucht?
   Aufmerksamkeit, Sicherheit, Anerkennung oder einfach Gehör?
5. Welche Erkenntnis nimmst du daraus mit?
   Was kannst du beim nächsten Mal anders machen?

Notiere deine Beobachtungen regelmäßig in einem Journal. Schon nach kurzer Zeit wirst du merken, wie deine emotionale Klarheit wächst und mit ihr dein innerer Frieden, deine Fähigkeit zur Verbindung und dein Vertrauen in dich selbst.

Verstehen statt verteidigen

Kommunikation ist das Fundament jeder zwischenmenschlichen Beziehung. Sie beeinflusst, wie du mit anderen in Kontakt trittst, wie du deine Bedürfnisse ausdrückst und wie du mit Konflikten umgehst. Dabei ist emotionale Kompetenz ein entscheidender Faktor. Sie bestimmt, ob du Gespräche bewusst und empathisch führst, ob du Missverständnisse erkennst und ob du Konflikte so lösen kannst, dass Verbindung statt Spaltung entsteht. Dies gilt sowohl im privaten als auch im beruflichen Kontext.

Kommunikation ist weit mehr als der Austausch von Worten. Jede Botschaft, die du sendest oder empfängst, hat eine sachliche, eine emotionale und eine beziehungsbezogene Ebene. Wenn dir diese Mehrdimensionalität bewusst wird, kannst du gezielt daran arbeiten, klarer und gleichzeitig einfühlsamer zu kommunizieren. Du erkennst, dass Worte nicht nur informieren, sondern auch wirken. Sie können Nähe schaffen oder Distanz, Klarheit oder Verwirrung, Wertschätzung oder Abwertung.

Eine zentrale Fähigkeit für gelungene Gespräche ist das aktive Zuhören. Oft sind wir gedanklich schon bei unserer Antwort, während unser Gegenüber noch spricht. Dabei entgeht uns nicht nur der Inhalt, sondern auch die emotionale Botschaft hinter den Worten. Aktives Zuhören bedeutet, präsent zu sein, mit deiner Aufmerksamkeit, deiner Körpersprache und deinem Herzen. Halte Blickkontakt, nicke, stelle Rückfragen, fasse zusammen.

Zeige, dass du wirklich da bist. Das schafft Vertrauen und legt die Basis für echte Verbindung.

Viele Missverständnisse entstehen nicht, weil Menschen einander nicht verstehen wollen, sondern weil sie sich nicht gehört fühlen. Wenn du aktiv zuhörst, schenkst du deinem Gegenüber das Gefühl, wichtig zu sein. Das ist oft schon der erste Schritt zur Deeskalation. Gerade in Konflikten ist es entscheidend, nicht sofort zu argumentieren, sondern erst zu verstehen. Frag dich: Was möchte die andere Person wirklich sagen? Was bewegt sie?

Wie du sprichst, ist oft wichtiger als was du sagst. Der Tonfall, deine Mimik, deine Haltung, sie alle transportieren emotionale Botschaften. Wenn du dich ausdrückst, achte auf eine klare, aber respektvolle Sprache. Vermeide Schuldzuweisungen, nutze Ich-Botschaften. Sag nicht: „Du bist immer so unzuverlässig", sondern: „Ich fühle mich überfordert, wenn ich mich nicht auf dich verlassen kann." Diese Formulierung schützt nicht nur dein Gegenüber, sondern auch dich selbst. Du übernimmst Verantwortung für deine Gefühle und bleibst handlungsfähig. In emotional aufgeladenen Situationen hilft es, bewusst innezuhalten, tief durchzuatmen und erst dann zu sprechen. So verhinderst du, dass du aus einer impulsiven Reaktion heraus kommunizierst, und gibst dir die Chance, klar und achtsam zu handeln.

Emotionale Kompetenz zeigt sich besonders dann, wenn es schwierig wird. Konflikte gehören zum Leben. Die Frage ist nicht, ob sie entstehen, sondern wie du mit ihnen umgehst. Wenn du deine eigenen Gefühle erkennst und regulierst, kannst du auch in angespannten Situationen konstruktiv bleiben. Du musst nicht alles sofort klären. Manchmal ist es klüger, eine Pause einzulegen und später, mit klarem Kopf, das Gespräch zu suchen.

Wenn du lernst, dich nicht sofort zu verteidigen, sondern dich selbst zu beobachten, gewinnst du Handlungsspielraum. Du kannst sagen: „Ich merke, dass mich das gerade sehr ärgert, lass uns in zehn Minuten noch mal reden." So signalisierst du sowohl Selbstverantwortung als auch Respekt.

Empathie bedeutet nicht, dem anderen Recht zu geben. Sie bedeutet, ihn verstehen zu wollen. In Konflikten hilft es, die Perspektive deines Gegenübers einzunehmen. Was könnte ihn oder sie gerade so verletzen? Welche Angst oder Enttäuschung steht hinter dieser Reaktion? Allein dieses gedankliche Hineinversetzen verändert deine Haltung und damit oft schon den Verlauf des Gesprächs. Eine hilfreiche Technik ist das Spiegeln von Gefühlen. Wenn du sagst: „Ich sehe, dass dich das gerade sehr frustriert", nimmst du dein Gegenüber ernst und öffnest die Tür für gegenseitiges Verstehen. Konflikte lassen sich nicht immer sofort lösen, aber sie verlieren ihre destruktive Kraft, wenn sich beide Seiten gesehen und gehört fühlen.

Praxisimpuls:

Nimm dir heute zehn Minuten Zeit, um ein schwieriges Gespräch der letzten Woche bewusst zu reflektieren.

1. Wie hast du dich in diesem Gespräch gefühlt? Gab es Momente von Wut, Frust, Hilflosigkeit oder Enttäuschung?
2. Was wolltest du wirklich sagen und was hast du tatsächlich gesagt? Hast du deine Botschaft klar kommuniziert oder bist du ausgewichen?
3. Hast du deinem Gegenüber wirklich zugehört? Hast du dich verstanden gefühlt? Hast du versucht zu verstehen?
4. Was hättest du anders machen können, um mehr Verbindung zu schaffen? Hätte ein Ich-Satz, ein Moment der Ruhe oder eine Rückfrage geholfen?
5. Welchen Satz möchtest du beim nächsten Gespräch in ähnlicher Situation ausprobieren? Notiere ihn dir. Lass ihn zu einem Baustein deiner bewussten Kommunikation werden.

So wird emotionale Kompetenz zu einer gelebten Entscheidung und zu einem Werkzeug, das dich in allen Beziehungen stärken kann.

Emotionen als Beziehungsdynamik verstehen

Emotionen sind das Herzstück jeder zwischenmenschlichen Beziehung. Sie sind ständig gegenwärtig, formen deine Wahrnehmung und beeinflussen dein Verhalten, oft ohne dass du es bewusst bemerkst. In jeder Interaktion mit anderen schwingen Gefühle mit: Freude, Dankbarkeit, Unsicherheit, Wut, Zuneigung, Frustration oder Angst. Ob in einer langjährigen Partnerschaft, einer tiefen Freundschaft oder einer neuen Bekanntschaft: deine Emotionen bestimmen, wie du einander begegnest, wie du dich fühlst und wie stark die Bindung zwischen euch wird.

Doch obwohl Gefühle so präsent sind, setzen sich nur wenige Menschen bewusst mit ihnen auseinander. Viele lassen sich von ihren Emotionen treiben, ohne zu reflektieren, woher diese rühren oder wie sie konstruktiv genutzt werden könnten. Wenn du jedoch lernst, deine Emotionen zu erkennen, zu regulieren und gezielt in Beziehungen einzubringen, gewinnst du neue Gestaltungsmöglichkeiten für ein tieferes, authentischeres Miteinander. Bewusste Emotionsgestaltung bedeutet nicht Kontrolle oder Verdrängung, sondern das bewusste Lenken von Gefühlen, im Sinne von Klarheit, Offenheit und Verbundenheit.

Ein zentraler Aspekt dabei ist deine Fähigkeit zur Selbstwahrnehmung. Nur wenn du deine Gefühle erkennst und benennen kannst, kannst du sie auch in Beziehungssituationen bewusst einsetzen. Emotionale Intelligenz bedeutet, eigene Emotionen wahrzunehmen, zu verstehen, zu regulieren und konstruktiv zu kommunizieren. Studien zeigen, dass Menschen mit hoher emotionaler Intelligenz zufriedenere und stabilere Beziehungen führen, weil sie in Konflikten ruhiger bleiben, einfühlsamer reagieren und reflektierter handeln.

Ein wertvolles Werkzeug ist das Emotionstagebuch. Notiere dir regelmäßig, wie du dich in bestimmten Situationen fühlst, was dich emotional berührt hat und wie du darauf reagiert hast. Oft sind es alte Prägungen aus der Kindheit, die dich heute noch beeinflussen, etwa das Gefühl, schnell übersehen zu werden oder immer stark sein zu müssen. Wenn du diese Muster erkennst, kannst du beginnen, bewusster und freier zu agieren.

Viele Beziehungskonflikte entstehen nicht aus bösem Willen, sondern aus unausgesprochenen Gefühlen und fehlender Klarheit. Häufig erwarten wir, dass unser Gegenüber schon merken wird, wie es uns geht, und sind dann enttäuscht, wenn das nicht geschieht. Doch niemand kann deine Gefühle erraten. Indem du deine Emotionen offen, klar und wertschätzend kommunizierst, gibst du deinem Gegenüber die Chance, dich wirklich zu verstehen. Nutze Ich-Botschaften, wenn du über dein Erleben sprichst. Statt zu sagen: „Du bist immer so abwesend", könntest du sagen: „Ich fühle mich oft allein, wenn du dich in Gesprächen zurückziehst." Solche Aussagen schaffen keine Schuldgefühle, sondern laden zu einem offenen Austausch ein.

In Beziehungen kommunizierst du nicht nur mit Worten. Deine Haltung, dein Tonfall, dein Blickkontakt, sie senden ständig emotionale Signale. Eine offene, zugewandte Körpersprache kann viel bewirken. Ein zugewandter Blick, entspannte Schultern und ein ruhiger Tonfall vermitteln Nähe und Respekt, selbst in schwierigen Gesprächen. Ebenso wichtig ist aktives Zuhören. Sei präsent. Höre zu, ohne zu unterbrechen. Bestätige das Gehörte mit einem Nicken, einem „Ich verstehe dich" oder einer Rückfrage. So zeigst du, dass dir das Gegenüber wichtig ist, und schaffst einen Raum, in dem ehrlicher Austausch möglich wird.

In jeder Beziehung gibt es unterschiedliche Erwartungen, Grenzen und Bedürfnisse. Konflikte sind also kein Zeichen von Scheitern, sondern eine Gelegenheit, einander besser kennenzulernen. Entscheidend ist, wie du mit ihnen umgehst. Bewusste Emotionsgestaltung bedeutet, dass du auch in herausfordernden Situationen bei dir bleibst. Atme tief durch, bevor du reagierst. Nimm deine Emotion wahr, etwa Wut oder Enttäuschung, aber lass dich nicht von ihr beherrschen. Frag dich: Was genau verletzt mich gerade? Was brauche ich wirklich? Kompromissbereitschaft ist dabei kein Zeichen von Schwäche, sondern Ausdruck von Reife. Es geht nicht darum, sich selbst aufzugeben, sondern eine Lösung zu finden, die für beide Seiten stimmig ist. Gleichzeitig braucht es die Bereitschaft, dem anderen Raum zu lassen. Manche Menschen brauchen mehr Zeit, um sich emotional zu öffnen oder Themen anzusprechen.

Empathie bedeutet, die Gefühle des anderen zu erkennen und innerlich mitzugehen, ohne die eigenen dabei zu verlieren. Es ist ein bewusster Perspektivwechsel: Was könnte mein Gegenüber gerade fühlen? Welche Erfahrung könnte hinter dieser Reaktion stehen? Du kannst Empathie ganz praktisch üben, indem du dich in Gesprächen fragst: „Was braucht mein Gegenüber gerade? Verständnis, Ruhe, Bestätigung?" Eine kurze Spiegelung kann Wunder wirken: „Ich merke, dass dich das gerade traurig macht." So entsteht emotionale Resonanz, der Schlüssel für Vertrauen und Nähe.

Emotionen sind keine Störfaktoren, sondern Wegweiser in jeder Beziehung. Je bewusster du mit deinen eigenen Gefühlen umgehst und je empathischer du auf die deines Gegenübers reagierst, desto tiefer und stabiler wird eure Verbindung.

Praxisimpuls:

Nimm dir heute zehn Minuten Zeit und betrachte eine Beziehung, die dir besonders wichtig ist.

1. Welche Emotionen erlebst du häufig in dieser Beziehung? Sind es eher Gefühle von Freude, Geborgenheit, Anspannung oder Unsicherheit?
2. Gibt es ein Gefühl, das du oft unterdrückst oder nicht zeigst? Vielleicht Traurigkeit, Wut oder das Bedürfnis nach mehr Nähe?
3. Wann hast du zuletzt offen über deine Gefühle gesprochen? Gab es ein Gespräch, in dem du dich ehrlich zeigen konntest?
4. Was könntest du tun, um mehr emotionale Nähe zu schaffen? Ein Ich-Satz, eine liebevolle Geste oder ein ehrliches Gespräch?

Diese Reflexion kann dir helfen, deine Beziehung bewusster zu gestalten und deine Emotionen als Brücke zu nutzen, nicht als Barriere.

Wenn Gefühle aus dem Gleichgewicht geraten

Emotionen geben uns Orientierung, zeigen uns, was uns wichtig ist, und helfen uns, auf unsere Umwelt zu reagieren. Doch nicht immer lassen sich Gefühle in einem gesunden Rahmen steuern. Manchmal werden sie zu einer unkontrollierbaren Welle, die uns überflutet und unser Verhalten bestimmt, ohne dass wir es bewusst beeinflussen können. Emotionale Dysregulation bedeutet, dass es schwerfällt, Gefühle angemessen wahrzunehmen, auszudrücken oder zu regulieren. Sie kann dazu führen, dass kleine Alltagsprobleme zu überwältigenden Herausforderungen werden oder dass Beziehungen leiden, weil Emotionen sich scheinbar verselbstständigen.

Vielleicht hast du schon einmal erlebt, wie plötzlich intensive Wut in dir aufstieg, ohne dass der Anlass dies wirklich gerechtfertigt hätte. Eine kleine Kritik oder eine enttäuschte Erwartung kann sich wie ein Schlag ins Gesicht anfühlen. Die Wut bricht unkontrolliert aus dir heraus, vielleicht durch aggressive Worte, lautes Schreien oder impulsives Handeln. Kurz darauf fühlst du dich erschöpft, vielleicht beschämt oder ratlos, und fragst dich, warum du so reagiert hast. Solche Momente hinterlassen Spuren, bei dir selbst und bei den Menschen um dich herum.

Emotionale Dysregulation zeigt sich auch in extremen Stimmungsschwankungen. Vielleicht kennst du das Gefühl, morgens noch voller Energie und Hoffnung zu sein, und wenige Stunden später von tiefer Verzweiflung überrollt zu werden, ohne klaren Auslöser. Oder du erlebst Freude über eine liebevolle Geste, nur um kurz darauf in Misstrauen oder Rückzug zu verfallen. Diese plötzlichen Wechsel machen es schwer, emotionale Sicherheit zu erleben oder auf stabile Beziehungen hinzuarbeiten.

Manchmal sind Gefühle so intensiv, dass sie sich körperlich schmerzhaft anfühlen. Traurigkeit kann sich wie eine drückende Last auf der Brust ausbreiten. Freude kann so überschwänglich werden, dass sie zu impulsivem Verhalten führt, etwa zu unkontrollierten Ausgaben, übermäßiger Aktivität oder Schlafmangel. Emotionale Intensität kann erschöpfen, das Gefühl von Kontrollverlust verstärken und zu innerer Unsicherheit führen.

Auch emotionale Taubheit, das Gefühl, gar nichts mehr zu empfinden, ist ein Zeichen für Dysregulation. Wenn Emotionen so überwältigend sind, dass dein inneres System sie abschaltet, entsteht eine Art Leere. Du fühlst dich wie abgeschnitten, funktionierst vielleicht nur noch mechanisch und findest kaum Zugang zu Freude, Trauer oder Verbundenheit. Diese emotionale Distanz kann auf Dauer zu Einsamkeit, Depression oder innerer Vereinsamung führen.

Ein weiteres Anzeichen ist das impulsive Verhalten aus starken Gefühlen heraus. Vielleicht hast du in einem Moment der Überforderung einen Job hingeworfen, einen geliebten Menschen verletzt oder etwas getan, das dir unmittelbar Erleichterung, später aber Reue gebracht hat. Emotionale Impulsivität führt häufig zu Kurzschlussreaktionen, die langfristig mehr Schaden als Nutzen bringen.

Häufig liegt auch eine tiefe Angst vor Ablehnung oder Verlassenwerden zugrunde. Diese Angst kann so dominant sein, dass sie deine Beziehungen beeinflusst, etwa durch klammerndes Verhalten, übermäßige Kontrolle oder wütende Rückzugsreaktionen. Was als Schutzmechanismus beginnt, kann das Gegenteil bewirken: Menschen ziehen sich zurück, Missverständnisse häufen sich, Nähe geht verloren.

Emotionale Dysregulation ist keine Schwäche, sondern oft die Folge früherer Erfahrungen, ungelöster innerer Konflikte oder mangelnder emotionaler Ressourcen. Das Gute ist: Emotionale Kompetenz lässt sich entwickeln. Du kannst lernen, deine Gefühle bewusster wahrzunehmen, sie zu benennen und ihnen einen gesunden Ausdruck zu geben.

Hilfreich sind dabei achtsames Atmen, das Führen eines Emotionstagebuchs, regelmäßige Bewegung und der Austausch mit vertrauten Menschen. Auch kognitive Strategien wie das Umdeuten belastender Gedanken oder gezielte Entspannungstechniken können helfen. Wichtig ist: Du bist nicht allein. Viele Menschen erleben emotionale Herausforderungen, und es gibt wirkungsvolle Wege, mit ihnen umzugehen.

Praxisimpuls:

Nimm dir heute zehn Minuten Zeit, um eine deiner letzten emotional herausfordernden Situationen bewusst zu reflektieren.

1. Was war der Auslöser? War es eine Kränkung, eine Erwartung, die nicht erfüllt wurde, ein Ärgernis?
2. Welche Emotion(en) hast du gespürt? Wut, Angst, Enttäuschung, Scham?
3. Wie hast du reagiert, innerlich und äußerlich? Hast du laut reagiert, dich zurückgezogen, geweint, ignoriert, verdrängt?
4. Welche Gedanken sind dabei aufgetaucht? Gab es automatische Bewertungen, innere Dialoge, alte Überzeugungen?
5. Wie hättest du in dieser Situation anders handeln können? Was wäre eine mögliche Alternative gewesen?

Schreibe deine Beobachtungen auf. Diese Form der bewussten Auseinandersetzung hilft dir, deine emotionalen Reaktionsmuster besser zu verstehen und mit der Zeit neue Wege im Umgang mit intensiven Gefühlen zu entwickeln.

Emotionen und psychische Erkrankungen

Wenn du dieses Buch bisher aufmerksam gelesen hast, dann weißt du: Emotionen begleiten dich durch dein ganzes Leben. Sie beeinflussen deine Wahrnehmung, deine Entscheidungen, dein Verhalten und sogar deine körperliche Gesundheit. Vielleicht hast du schon bemerkt, wie eng deine Stimmung mit deinem Wohlbefinden verknüpft ist, denn wenn du glücklich bist, fühlst du dich energiegeladen und motiviert. Wenn du traurig oder wütend bist, fehlt dir oft die Kraft für den Alltag.

Doch Emotionen sind nicht nur vorübergehende Empfindungen, sie spielen eine zentrale Rolle bei der Entstehung und Aufrechterhaltung psychischer Erkrankungen. Was passiert, wenn Gefühle aus dem Gleichgewicht geraten? Welche Auswirkungen haben langanhaltende emotionale Belastungen auf dein Gehirn, dein Nervensystem und deine Psyche? Genau damit wollen wir uns jetzt beschäftigen.

Wissenschaftliche Untersuchungen zeigen, dass Emotionen tief in den biologischen Strukturen deines Gehirns verankert sind. Besonders das limbische System ist entscheidend für die Verarbeitung von Gefühlen. Wenn du Angst hast oder unter starkem Stress stehst, wird die Amygdala, das Zentrum für emotionale Reaktionen, hochaktiv. Gleichzeitig nimmt die Aktivität im präfrontalen Kortex ab, also in dem Bereich deines Gehirns, der für rationales Denken und Emotionsregulation zuständig ist. Diese Prozesse erklären, warum du in belastenden Situationen manchmal impulsiv reagierst, gereizt bist oder dich innerlich gelähmt fühlst. Hält dieser Zustand über längere Zeit an, erhöht sich das Risiko für psychische Erkrankungen.

Vielleicht hast du selbst schon die Erfahrung gemacht, dass Emotionen sich verselbstständigen können. Menschen mit Depressionen kennen das Gefühl, von negativen Gedanken und Gefühlen überwältigt zu werden. Das Belohnungssystem des Gehirns funktioniert nicht mehr wie gewohnt, positive Reize werden kaum noch wahrgenommen, negative überwiegen. Der Rückzug aus sozialen Kontakten, Antriebslosigkeit und Sinnverlust können die Folge sein. In schweren Fällen schrumpft sogar der Hippocampus, ein Bereich, der für emotionale Regulation und Gedächtnis zuständig ist.

Auch bei Angststörungen spielen Emotionen eine Schlüsselrolle. Angst ist grundsätzlich eine wichtige Schutzreaktion. Gerät sie jedoch außer Kontrolle, wirkt sie lähmend und einschränkend. Du erlebst möglicherweise Panikattacken in eigentlich harmlosen Situationen. Dein Körper reagiert mit Herzrasen, Atemnot, Schwindel, obwohl keine reale Gefahr besteht. Vermeidungsverhalten verstärkt das Problem langfristig, weil dein Gehirn nicht lernt, dass die Situation ungefährlich ist.

Bei bipolaren Störungen geraten die Gefühle zwischen zwei Extrempolen aus dem Gleichgewicht. In manischen Phasen fühlst du dich übermäßig euphorisch, schlaflos, rastlos, während in depressiven Phasen tiefe Niedergeschlagenheit und Leere dominieren. Impulsive Entscheidungen und emotionale Überforderung sind häufige

Begleiterscheinungen. Wissenschaftlich belegt ist, dass hier eine gestörte Regulation von Neurotransmittern wie Dopamin und Serotonin zugrunde liegt.

Bei Borderline-Störungen wiederum zeigen sich intensive, schwer kontrollierbare Emotionen. Betroffene erleben emotionale Extreme, schnelle Gefühlsschwankungen und eine große Angst vor dem Verlassenwerden. Diese emotionale Instabilität wirkt sich massiv auf Beziehungen und das Selbstwertgefühl aus. Studien zeigen, dass die Amygdala übererregt reagiert, während regulierende Hirnareale weniger aktiv sind.

Wenn du dich in einigen dieser Beschreibungen wiedererkennst oder einfach deine emotionale Stabilität stärken möchtest, dann ist der erste Schritt: Werde dir deiner Gefühle bewusst. Betrachte sie nicht als Gegner, sondern als wertvolle Informationsquelle. Achtsamkeit, Emotions-Tagebuch, Gespräche mit Vertrauenspersonen, aber auch professionelle Unterstützung durch Therapie können helfen.

Ziel ist es nicht, immer glücklich zu sein, sondern mit deinen Gefühlen umgehen zu lernen, selbst mit den schwierigen. Je besser du deine Emotionen kennst, desto weniger Gefahr besteht, dass sie dich krank machen. Du gewinnst Selbstwirksamkeit zurück, und damit auch Lebensfreude.

Praxisimpuls:

Nimm dir Zeit und beantworte für dich folgende Fragen:

1. Welche emotionalen Zustände treten bei mir immer wieder auf, wenn ich unter Stress stehe?
2. Woran merke ich, dass ich aus dem Gleichgewicht gerate?
3. Welche Strategien haben mir in der Vergangenheit geholfen, mit schwierigen Gefühlen umzugehen?
4. Welche Form der Unterstützung könnte ich mir jetzt holen?

Diese Reflexion hilft dir, Warnzeichen früh zu erkennen und bewusst gegenzusteuern, bevor sich emotionale Belastung chronisch verfestigt.

Wege zur emotionalen Stabilität

Emotionale Stabilität ist eine der wichtigsten Voraussetzungen für ein ausgeglichenes und erfülltes Leben. Sie hilft dir, Herausforderungen zu meistern, Konflikte zu bewältigen und mit deinen Mitmenschen harmonisch umzugehen. Doch wie kannst du emotionale Stabilität entwickeln und bewahren? Es beginnt mit der Selbstreflexion, dem Schlüssel zur inneren Balance. Viele Menschen erkennen ihre eigenen Gefühle erst, wenn sie überwältigend werden. Doch wenn du beginnst, dich bewusster mit deinen Emotionen auseinanderzusetzen, wirst du feststellen, dass du sie frühzeitig wahrnehmen und steuern kannst. Statt einfach nur auf sie zu reagieren, lernst du, sie zu beobachten, zu verstehen und schließlich bewusst zu regulieren.

Stell dir vor, dein inneres Erleben ist wie eine wilde Flussströmung. Wenn du dich ihr einfach nur hingibst, wirst du mitgerissen, ohne zu wissen, wohin die Strömung dich trägt. Doch wenn du beginnst, das Wasser bewusst zu beobachten, kannst du lernen, es zu navigieren, die Strömungen zu erkennen und gezielt durch sie hindurchzusteuern. Selbstreflexion bedeutet, dich an den Rand des Flusses zu setzen und genau hinzuschauen, anstatt dich einfach treiben zu lassen. Es geht darum, innezuhalten, wahrzunehmen, zu erkennen: Was bewegt mich gerade wirklich?

Ein häufiger Irrtum ist die Annahme, dass emotionale Stabilität bedeutet, negative Gefühle zu vermeiden. Viele Menschen glauben, stabiler zu werden, wenn sie unangenehme Emotionen unterdrücken oder verdrängen. Doch das Gegenteil ist der Fall. Je mehr du versuchst, unangenehme Gefühle zu ignorieren, desto mehr verstärken sie sich. Es ist wie bei einem aufblasbaren Ball, den du unter Wasser drückst. Irgendwann wird er mit voller Kraft an die Oberfläche schnellen. Ebenso ist es mit unterdrückten Emotionen: Sie verschwinden nicht, sondern brechen später oft unvermittelt hervor.

Stell dir deine Emotionen wie ein Orchester vor: Wenn du bestimmte Instrumente ignorierst, wird das Gesamtstück nicht harmonischer, sondern chaotischer. Erst wenn du lernst, auch die dissonanten Töne zu akzeptieren, kannst du ein inneres Gleichgewicht finden. Negative Emotionen wie Angst, Traurigkeit oder Wut sind keine Feinde, sondern Botschafter. Sie zeigen dir, wo etwas aus der Balance geraten ist, wo ein Bedürfnis unerfüllt bleibt, wo du dich selbst vielleicht übergehst. Sie zu spüren, zu benennen und anzunehmen ist der erste Schritt, um sie auch loslassen zu können.

Ein weiterer wesentlicher Baustein emotionaler Stabilität ist die Selbstfürsorge, die als tägliche Praxis gelebt werden darf. Viele Menschen stellen ihre eigenen Bedürfnisse zurück, weil sie glauben, erst „alles andere" erledigen zu müssen. Doch emotionale Stabilität entsteht nicht durch Selbstverleugnung, sie entsteht durch liebevolle Zuwendung zu dir selbst. Selbstfürsorge bedeutet, dich so zu behandeln, wie du eine gute Freundin oder einen guten Freund behandeln würdest. Würdest du dieser Person sagen, sie dürfe sich erst ausruhen, wenn wirklich alles erledigt ist? Oder dass ihre Bedürfnisse unwichtig sind? Wohl kaum. Und doch behandeln wir uns selbst oft genau so.

Vielleicht bedeutet Selbstfürsorge für dich, ein Buch zu lesen, das dich inspiriert. Vielleicht ist es ein Spaziergang am Abend, bei dem du die kühle Luft auf deiner Haut spürst. Oder das bewusste Verzichten auf Dinge, die dir nicht guttun, sei es ein belastender Gedanke, eine toxische Beziehung oder eine Verpflichtung, die dich auslaugt. Selbstfürsorge ist kein Luxus, sondern die Grundlage für Stabilität. So wie eine Pflanze regelmäßig gegossen werden muss, um zu wachsen, brauchst auch du kontinuierliche Pflege und Regeneration. Wenn du beginnst, dich selbst wichtig zu nehmen, wird sich deine emotionale Widerstandskraft auf natürliche Weise verbessern.

Auch deine zwischenmenschlichen Beziehungen beeinflussen dein emotionales Gleichgewicht maßgeblich. Menschen sind soziale Wesen. Wenn du dich von unterstützenden und empathischen Menschen umgeben fühlst, fällt es dir leichter, mit emotionalen Herausforderungen umzugehen. Es lohnt sich, genau hinzuschauen: Welche Beziehungen nähren dich, welche rauben dir Kraft? Emotionale Stabilität bedeutet auch, den Mut zu haben, dich von toxischen Verbindungen zu lösen, selbst wenn das mit Schmerz verbunden ist. Gleichzeitig gilt es, wertvolle Beziehungen zu pflegen, durch Gespräche, gemeinsame Erlebnisse und echte emotionale Nähe.

Gib Beziehungen Raum, in denen du du selbst sein darfst. Erlaube dir, verletzlich zu sein und auch einmal nicht zu funktionieren. In solchen Momenten zeigt sich wahre Verbindung. Emotionale Stabilität wächst dort, wo du dich gesehen und gehalten fühlst, ohne dich verstellen zu müssen.

Emotionale Stabilität ist kein fixer Zustand, sondern ein dynamischer Prozess. Es wird immer wieder Momente geben, in denen du dich verunsichert, wütend oder traurig fühlst. Doch je besser du deine Gefühle verstehst und je bewusster du mit ihnen umgehst, desto gelassener wirst du. Du kannst emotionale Stabilität üben: durch Selbstreflexion, Selbstfürsorge, das Zulassen schwieriger Gefühle und durch achtsame Beziehungsgestaltung. Es geht nicht darum, perfekt zu sein oder nie zu zweifeln. Es geht darum, dir selbst ein sicherer Anker zu sein, egal, wie stürmisch das Leben manchmal ist. Und mit jedem bewussten Schritt wächst deine innere Stabilität, so wie ein Baum, der über Jahre seine Wurzeln vertieft.

Praxisimpuls:

Nimm dir zehn Minuten Zeit für eine schriftliche Selbstreflexion:

1. Wann war ich das letzte Mal wirklich im Einklang mit mir selbst? Was hat zu diesem Zustand beigetragen?
2. Welche Verhaltensweisen helfen mir, mich zu stabilisieren? Gibt es Rituale, Gedanken oder Menschen, die mir guttun?
3. Welche Beziehung in meinem Leben gibt mir Kraft und welche raubt sie mir? Was könnte ich konkret verändern?

4. Welche Form der Selbstfürsorge könnte ich heute in meinen Alltag integrieren? Auch eine kleine Handlung kann Großes bewirken.

Diese Übung hilft dir, bewusster mit deinen Ressourcen umzugehen und Schritt für Schritt dein inneres Gleichgewicht zu stärken. Emotionale Stabilität ist kein Ziel, das du einmal erreichst. Sie ist ein Weg, den du gehen darfst - achtsam, mitfühlend und in deinem Tempo.

Veränderung und emotionale Resilienz

Veränderung ist ein elementarer Bestandteil des Lebens. Nichts bleibt für immer gleich, auch wenn wir es uns manchmal wünschen. Und obwohl wir wissen, dass Wandel unausweichlich ist, begegnen wir ihm häufig mit innerem Widerstand. Emotionale Resilienz hilft dir, diesen Widerstand zu überwinden und mit Veränderungen so umzugehen, dass sie dich nicht aus der Bahn werfen, sondern dich innerlich stärken. Resilienz bedeutet nicht, dass du dich jeder Herausforderung ohne Emotionen stellst, sondern dass du nach Rückschlägen wieder aufstehen, neue Perspektiven entwickeln und persönlich wachsen kannst. Unser Gehirn liebt Routinen, sie sparen Energie und geben Sicherheit. Veränderungen dagegen bedeuten Unsicherheit, aus evolutionsbiologischer Sicht ist es nachvollziehbar, dass wir Neuem gegenüber vorsichtig sind. Doch gerade diese tief verwurzelte Angst vor dem Unbekannten hält uns oft davon ab, überholte Muster zu verlassen, selbst dann, wenn sie uns längst nicht mehr guttun.

Ein Großteil deiner emotionalen Reaktionen ist tief in deinem Inneren verankert. Sie entspringen früheren Erfahrungen, oft aus der Kindheit, und wiederholen sich in typischen Mustern. Vielleicht hast du schon erlebt, dass du in bestimmten Situationen immer gleich reagierst, obwohl du dir eine andere Reaktion wünschst. Diese Muster sind wie ausgetretene Pfade im Gehirn, entstanden durch jahrelange Wiederholung. Neurowissenschaftliche Erkenntnisse zur neuronalen Plastizität zeigen: Was du oft denkst und fühlst, wird im Gehirn verankert. Doch genau darin liegt auch die Chance. Du kannst neue emotionale Reaktionsweisen trainieren, indem du regelmäßig bewusst andere Wege gehst. Stell dir vor, du verlässt den alten, breiten Waldweg und bahnst dir stattdessen einen neuen Pfad durchs Dickicht. Anfangs schwer, aber mit jedem Schritt wird der neue Weg klarer und begehbarer.

Der erste Schritt zur Veränderung ist die Bewusstwerdung. Frage dich: In welchen Situationen reagiere ich immer gleich? Wann fühle ich mich überfordert, übermäßig verletzt oder ziehe mich zurück, obwohl ich Nähe brauche? Diese automatisierten Reaktionen haben meist ihren Ursprung in vergangenen Erfahrungen, in Strategien, die damals vielleicht überlebenswichtig waren, aber heute nicht mehr hilfreich sind. Indem du beginnst, diese Muster zu hinterfragen, schaffst du Raum für Neues. Was steckt hinter deinem Perfektionismus, deiner Rückzugstendenz, deiner Angst vor Nähe? Wenn du erkennst, dass diese Reaktionen erlernt sind, kannst du dich entscheiden, sie nicht länger automatisch zu wiederholen. Carol Dwecks Konzept des „Growth Mindset" beschreibt genau diese Haltung: Du bist nicht festgelegt, du kannst dich verändern.

Veränderung ist kein einmaliges Ereignis, sondern ein Prozess. Du brauchst Wiederholung, Bewusstheit und Geduld. Wenn du dich beispielsweise oft zurückziehst, wenn du verletzt wirst, versuche beim nächsten Mal, in Kontakt zu bleiben und dich mitzuteilen. Wenn du dazu neigst, dich ständig zu kritisieren, übe dich bewusst in Selbstmitgefühl. Anfangs wird sich das fremd anfühlen, doch mit der Zeit wird es natürlicher. Studien zeigen, dass neue neuronale Verbindungen entstehen, wenn neue Denk- und Handlungsmuster regelmäßig geübt werden. Diese Wiederholungen stärken nicht nur dein Verhalten, sondern auch dein Selbstvertrauen. Jeder neue Schritt macht dich stabiler und öffnet dich für mehr emotionale Flexibilität.

Kein Veränderungsprozess verläuft geradeaus. Es gibt Tage, an denen du dich kraftvoll fühlst, voller Zuversicht neue Wege gehst, und andere, an denen du zurück in alte Muster fällst, ohne es zunächst zu bemerken. Diese Rückschritte sind nicht nur normal, sie sind Teil deiner Entwicklung. Es sind Gelegenheiten, um dich besser kennenzulernen, um zu reflektieren, was dich gerade herausfordert, und um genau dort anzusetzen. Veränderung verläuft selten linear, sondern in Wellen, mit Höhen, Tiefen und manchmal unerwarteten Umwegen. In solchen Momenten ist es besonders wichtig, liebevoll mit dir selbst umzugehen. Anstatt dich für einen vermeintlichen Fehler zu verurteilen, kannst du dir sagen: „Ich bin auf dem Weg, und jeder Schritt, auch der zurück, gehört dazu." Kristin Neff, Pionierin der Selbstmitgefühlsforschung, betont: Menschen, die sich in herausfordernden Phasen mit Mitgefühl begegnen, entwickeln mehr emotionale Stärke als jene, die sich mit Härte antreiben. Mitfühlend sein bedeutet nicht, dich aus der Verantwortung zu nehmen, es bedeutet, dich mit Freundlichkeit zur Weiterentwicklung zu ermutigen.

Wenn du einen Rückfall erlebst, nimm dir bewusst Zeit für Reflexion. Was hat dich getriggert? Welche Gedanken oder äußeren Umstände haben dazu beigetragen, dass du ins alte Verhalten gerutscht bist? Welche

Bedürfnisse standen möglicherweise im Hintergrund, die nicht erfüllt wurden? Und vor allem: Was könntest du beim nächsten Mal anders machen? Eine besonders hilfreiche Übung kann es sein, deinem „vergangenen Ich" in diesem Moment innerlich die Hand zu reichen. Stell dir vor, du begegnest dir selbst mit einem freundlichen Blick, mit Verständnis und Akzeptanz. Frage dich: Was hätte ich in dieser Situation gebraucht? Wie kann ich mir das jetzt geben? Diese Haltung verwandelt Rückschläge in Lernchancen. Mit jedem bewussten Umgang mit einem schwierigen Moment wächst deine emotionale Reife und Resilienz.

Veränderung gelingt nicht durch Perfektion, sondern durch Beharrlichkeit. Je öfter du dich selbst nach einem Rückschritt wieder aufrichtest, desto stabiler wird dein inneres Fundament. Du entwickelst Vertrauen in dich selbst, nicht weil du nie fällst, sondern weil du weißt, dass du wieder aufstehen kannst. Es wird Rückfälle geben, Momente, in denen du dich plötzlich wieder im alten Muster wiederfindest. Das ist kein Scheitern, sondern ein Teil der Entwicklung. Die entscheidende Frage ist nicht, ob du wieder gefallen bist, sondern ob du aufstehst und weitergehst.

Gerade in diesen Momenten ist Selbstmitgefühl zentral. Die Forschung von Kristin Neff zeigt: Wer sich selbst liebevoll und mitfühlend begegnet, bleibt eher dran, hat mehr Durchhaltevermögen und erzielt nachhaltigere Veränderungen. Verurteile dich also nicht, wenn du ins alte Verhalten zurückfällst. Frage dich stattdessen: Was kann ich daraus lernen? Was brauche ich jetzt?

Veränderung braucht Zeit. Sie erfordert Geduld, bewusste Entscheidungen und den Mut, alte Pfade zu verlassen. Doch je häufiger du dich für neue Reaktionen entscheidest, desto klarer wird der neue Weg. Emotionale Resilienz entsteht durch Wiederholung, Reflexion und Selbstmitgefühl. Wenn du beginnst, alte Muster zu erkennen und zu hinterfragen, entwickelst du eine tiefere innere Freiheit. Du wirst unabhängiger von äußeren Reizen, reagierst bewusster und kommst dir selbst näher. Du bist kein Spielball deiner Emotionen, sondern wirst Gestalter:in deines inneren Erlebens.

Praxisimpuls:

Wähle ein konkretes Verhaltensmuster, das du gerne verändern möchtest. Notiere:

1. In welchen Situationen tritt es besonders häufig auf?
2. Was denkst oder fühlst du in diesen Momenten?
3. Welche frühere Erfahrung könnte dieses Muster geprägt haben?
4. Wie möchtest du in Zukunft stattdessen reagieren?
5. Was brauchst du, um dieses neue Verhalten zu üben?

Führe ein kleines Tagebuch über deine Erfahrungen mit dem neuen Verhalten. Notiere Fortschritte, aber auch Rückschritte. So entwickelst du ein Gefühl dafür, wie sich dein emotionales Erleben verändert. Schritt für Schritt, mit jeder bewussten Entscheidung.

Neue Wege gehen

Emotionen bestimmen unser Leben. Sie beeinflussen, wie wir denken, handeln, mit anderen kommunizieren und auf Herausforderungen reagieren. Oft erscheint es so, als wären sie unmittelbare Reaktionen auf äußere Ereignisse: unkontrollierbar, spontan und manchmal überwältigend. Doch in Wirklichkeit sind unsere emotionalen Reaktionen eng mit unseren Gewohnheiten verknüpft. Sie folgen Mustern, die wir über Jahre hinweg durch Wiederholung gefestigt haben. Die gute Nachricht ist: Was erlernt wurde, kann auch wieder verändert werden. Emotionale Muster lassen sich umschreiben: durch neue, bewusst gewählte Gewohnheiten.

Unser Gehirn liebt Gewohnheiten. Es ist darauf ausgelegt, Energie zu sparen und Routinen zu bevorzugen. Was wir oft gedacht, gefühlt und getan haben, wird zu einem bevorzugten Pfad im neuronalen Netz. So wird aus einem anfänglichen Gedanken wie „Ich bin nicht gut genug" mit der Zeit eine automatische Reaktion in Momenten der Unsicherheit. Und doch zeigen Studien zur neuronalen Plastizität: Diese Pfade lassen sich verändern. Wie ein Fluss, der über Jahre einen Weg durch die Landschaft gegraben hat, können neue Kanäle geschaffen werden, durch Wiederholung, Achtsamkeit und bewusste Steuerung.

Ein erster Schritt ist die bewusste Wahrnehmung deiner emotionalen Automatismen. Vielleicht kennst du die Tendenz, bei Konflikten sofort in Verteidigung zu gehen. Oder du merkst, dass du in stressigen Situationen eher zu Selbstkritik als zu Selbstfürsorge neigst. Solche Muster wirken oft unterhalb der bewussten Ebene. Doch wenn du beginnst, sie aufzuschreiben und zu reflektieren, veränderst du bereits etwas. Ein Emotionsjournal kann dir dabei helfen, diese unbewussten Reaktionsweisen sichtbar zu machen. Notiere dir: Was hat mich getriggert? Wie habe ich reagiert? Was fühle ich jetzt?

Der nächste Schritt ist die bewusste Entscheidung für neue emotionale Reaktionsmuster. Diese müssen nicht spektakulär sein. Oft reicht ein einziger bewusster Atemzug, bevor du antwortest. Oder ein Satz wie: „Ich darf mich auch in schwierigen Momenten unterstützen." Studien zur Reappraisal-Technik, der kognitiven Neubewertung, zeigen, dass schon kleine gedankliche Umdeutungen eine große Wirkung haben können. Du kannst lernen, nicht automatisch das Schlimmste anzunehmen, sondern dich zu fragen: Welche andere Sichtweise wäre jetzt hilfreich?

Ein wirksames Hilfsmittel dabei ist das sogenannte Habit-Stacking: Du verknüpfst neue emotionale Reaktionen mit bereits bestehenden Gewohnheiten. Zum Beispiel: Immer wenn du deinen Kaffee kochst, erinnerst du dich daran, einen positiven Satz zu dir selbst zu sagen. Oder jedes Mal, wenn du deine Tasche schließt, atmest du dreimal tief durch. Diese kleinen Rituale verankern neue Reaktionsweisen im Alltag, unspektakulär, aber effektiv.

Auch dein Umfeld spielt eine wichtige Rolle. Gestalte deine Umgebung so, dass sie neue emotionale Gewohnheiten fördert. Das kann heißen, dich mit Menschen zu umgeben, die dich unterstützen, Erinnerungsanker zu platzieren oder Stressquellen zu reduzieren. Ein Zettel mit einem liebevollen Satz am Spiegel oder eine beruhigende Playlist am Arbeitsplatz kann dich immer wieder an deinen neuen Weg erinnern. Diese bewusste Gestaltung deines Rahmens wird in der Verhaltensforschung als „Choice Architecture" bezeichnet. Du triffst Entscheidungen leichter, wenn du die Bedingungen dafür aktiv beeinflusst.

Doch neue Gewohnheiten entstehen nicht durch Druck, sondern durch Freundlichkeit mit dir selbst. Selbstmitgefühl ist der Nährboden für nachhaltige Veränderung. Wenn du mal wieder in alte Muster fällst, heißt das nicht, dass du gescheitert bist. Es bedeutet nur, dass du einen Moment brauchst, um wieder zu dir zurückzufinden. Sage dir: „Auch das gehört zum Lernen." Studien zeigen, dass Menschen mit mehr Selbstmitgefühl ihre Verhaltensziele eher erreichen, weil sie sich weniger entmutigen lassen.

Eine weitere Möglichkeit, deine emotionalen Muster zu beeinflussen, ist die Visualisierung. Stell dir vor, wie du dich in einer schwierigen Situation ruhig, klar und selbstfürsorglich verhältst. Wiederhole diese Vorstellung regelmäßig. Dein Gehirn unterscheidet kaum zwischen real erlebten und intensiv vorgestellten Szenarien. Mit der Zeit wird deine Vorstellung zur inneren Landkarte, die dir hilft, neue Wege zu gehen.

Praxisimpuls:

1. Wähle ein konkretes emotionales Muster, das du verändern möchtest (z. B. Rückzug bei Stress, Selbstkritik nach Fehlern).
2. Notiere dir Auslöser, typische Gedanken und Reaktionen. Erkenne das automatische Programm.
3. Entwickle eine neue Reaktion: ein Atemzug, ein Satz, eine Bewegung, die dich unterstützt.
4. Verknüpfe diese neue Reaktion mit einer bestehenden Gewohnheit (z. B. beim Zähneputzen, beim Warten auf den Bus).
5. Übe freundlich und regelmäßig. Akzeptiere Rückfälle als Teil des Lernprozesses.

Jede bewusste Entscheidung ist ein Schritt in Richtung emotionaler Freiheit. Du musst nicht perfekt sein. Du darfst dich entwickeln. Vertraue darauf: Dein Gehirn ist lernfähig, dein Herz ist bereit, neue Wege zu gehen, und du hast alles in dir, was du brauchst, um alte Muster durch neue Klarheit, Kraft und Mitgefühl zu ersetzen.

Veränderung und emotionale Resilienz

Veränderung ist ein elementarer Bestandteil unseres Lebens. Ob wir es wollen oder nicht, nichts bleibt für immer gleich. Und obwohl wir wissen, dass Wandel unausweichlich ist, begegnen wir ihm oft mit Widerstand. Emotionale Resilienz hilft uns, diesen Widerstand zu überwinden und mit den Veränderungen des Lebens auf eine Weise umzugehen, die uns nicht aus der Bahn wirft, sondern uns stärker macht. Resilienz bedeutet nicht, dass wir uns gegen jede Herausforderung ohne Gefühle stemmen, sondern dass wir in der Lage sind, nach einem Rückschlag wieder aufzustehen, neue Perspektiven zu finden und uns weiterzuentwickeln. Sie ist wie ein inneres Immunsystem, das dich befähigt, mit Unsicherheiten, Belastungen und Brüchen des Lebens umzugehen, ohne dabei deine innere Mitte zu verlieren.

Unser Gehirn liebt Routinen, denn sie sparen Energie und schaffen das Gefühl von Sicherheit. Veränderungen hingegen bedeuten Unsicherheit, Unbekanntes, Kontrollverlust. Aus evolutionsbiologischer Sicht ist es also durchaus nachvollziehbar, dass wir Neuem mit Vorsicht begegnen. Doch diese tief verwurzelte Angst vor dem Unbekannten kann uns daran hindern, neue Wege zu gehen, selbst wenn die alten längst nicht mehr guttun. Das Festhalten an Gewohntem gibt uns das Gefühl von Kontrolle, auch wenn es uns nicht gut dabei geht. Emotionale Resilienz bedeutet, diese Mechanismen zu erkennen, zu hinterfragen und uns bewusst für Weiterentwicklung zu entscheiden.

Ein Großteil unserer emotionalen Reaktionen ist tief in uns verankert. Sie entstehen aus Erfahrungen, die wir oft schon in unserer frühesten Kindheit gemacht haben, aus inneren Mustern, aus alten Schutzstrategien, aus Reaktionsweisen, die einmal sinnvoll waren, heute aber nicht mehr hilfreich sind. Vielleicht hast du schon einmal bemerkt, dass du in bestimmten Situationen immer wieder gleich reagierst, obwohl du dir eigentlich wünschst, es anders zu machen. Diese Muster sind wie unsichtbare Fäden, die unsere Gedanken, Gefühle und Handlungen lenken, oft ohne dass wir es bewusst wahrnehmen. Sie laufen wie automatisierte Programme im Hintergrund und beeinflussen unser Verhalten – solange, bis wir sie erkennen.

Neurowissenschaftliche Forschungen zeigen, dass unser Gehirn auf Wiederholung setzt: Je häufiger ein bestimmtes Verhalten oder eine bestimmte Denkweise auftritt, desto stärker werden die neuronalen Verbindungen, die es ermöglichen. Dies nennt man neuronale Plastizität. Das bedeutet, dass wir die Fähigkeit haben, unser Denken und Fühlen aktiv zu verändern, doch es erfordert gezielte Anstrengung, Wiederholung und emotionale Beteiligung, um neue Bahnen im Gehirn zu formen. Es reicht nicht, eine neue Erkenntnis zu haben, wir müssen sie verkörpern, sie durch Erfahrung festigen.

Der erste Schritt, um alte emotionale Muster zu durchbrechen, ist, sie überhaupt zu erkennen. Beobachte, in welchen Situationen du immer wieder auf dieselbe Weise reagierst. Gibt es Momente, in denen du dich machtlos fühlst? Spürst du eine emotionale Reaktion, die stärker ist, als es die Situation eigentlich erfordert?

Vielleicht ist es die plötzliche Wut auf eine scheinbar harmlose Bemerkung, die Angst, etwas falsch zu machen, obwohl keine realistische Gefahr besteht, oder das reflexhafte Schweigen, wenn du dich überfordert fühlst. Solche Reaktionen sind oft Hinweise auf alte, nicht bearbeitete emotionale Prägungen.

Sobald du ein Muster erkannt hast, kannst du es hinterfragen. Woher stammt diese Reaktion? War sie in einer früheren Lebensphase vielleicht einmal nützlich? Vielleicht hat dich dein Rückzug als Kind vor Überforderung geschützt, heute hindert er dich daran, dich mitzuteilen. Vielleicht war dein Perfektionismus einst ein Weg, Anerkennung zu erhalten, heute macht er dich starr und müde. Indem du die Ursprünge deiner Muster verstehst, kannst du beginnen, dich innerlich zu befreien. Du bist nicht dazu verdammt, sie für immer zu wiederholen, du kannst dich entscheiden, anders zu reagieren. Diese Entscheidung beginnt oft im Kleinen, mit einem Moment der Bewusstheit.

Um neue Muster zu etablieren, braucht es bewusste Übung. Du musst dich aktiv für neue Denk- und Verhaltensweisen entscheiden und sie immer wieder anwenden, bis sie zur neuen Gewohnheit werden. Wenn du beispielsweise gewohnt bist, dich in Konflikten zurückzuziehen, dann versuche bewusst, beim nächsten Streit deine Position ruhig und klar zu formulieren. Wenn du dich schnell verunsichern lässt, erinnere dich an frühere Situationen, die du erfolgreich bewältigt hast. Anfangs wird sich das ungewohnt anfühlen, aber mit der Zeit wird es natürlicher, vertrauter. Dein neuer Weg entsteht durch dein tägliches Tun.

Veränderung geschieht jedoch nicht linear. Es wird Momente geben, in denen du in alte Muster zurückfällst. Das ist kein Zeichen des Scheiterns, sondern Teil des Prozesses. Jeder Rückschritt bietet dir die Möglichkeit zu lernen. Was hat dich getriggert? Welche alten Gefühle wurden angesprochen? Welche Bedürfnisse standen im Hintergrund? Je klarer du dir diese Fragen beantworten kannst, desto leichter fällt es dir, beim nächsten Mal bewusster zu entscheiden.

In solchen Momenten ist Selbstmitgefühl entscheidend. Die Forschung zeigt: Menschen, die sich selbst mit Mitgefühl begegnen, setzen Veränderungen nachhaltiger um. Verurteile dich nicht, wenn du einen Rückfall erlebst, sondern begegne dir wie einer guten Freundin: mit Verständnis, Ermutigung und dem Glauben an deine Entwicklung. Veränderung braucht Zeit, Mut und Geduld. Sie entsteht nicht durch Perfektion, sondern durch Freundlichkeit gegenüber dir selbst.

Du kannst dein altes Selbstbild, zum Beispiel „Ich bin halt so", durch ein dynamisches Selbstbild ersetzen: „Ich bin lernfähig. Ich kann neue Wege gehen. Ich darf Fehler machen und trotzdem wachsen." Mit jeder neuen Entscheidung stärkst du dein Vertrauen in dich selbst. Und dieses Vertrauen ist die Basis für emotionale Resilienz.

Wenn du beginnst, alte Muster zu erkennen, zu hinterfragen und neue Reaktionen zu üben, entwickelst du eine tiefere innere Freiheit. Du wirst unabhängiger von äußeren Auslösern, reagierst bewusster und entwickelst ein stabiles inneres Gleichgewicht. Du wirst zur Gestalter:in deines emotionalen Erlebens, nicht indem du alle

Gefühle kontrollierst, sondern indem du mit ihnen auf neue Weise umgehst.

Praxisimpuls:

Wähle ein emotionales Muster, das du gerne verändern möchtest (z. B. übertriebene Angst, impulsive Wut, Rückzug bei Kritik).

1. Beobachte eine Woche lang, in welchen Situationen dieses Muster auftritt.
2. Notiere, was der Auslöser war, wie du dich gefühlt hast, was du gedacht und wie du reagiert hast.
3. Überlege, welche alternative Reaktion du dir wünschst. Schreibe einen konkreten Satz, den du dir in solchen Momenten sagen willst (z. B. „Ich bin in Sicherheit und darf ruhig bleiben.").
4. Wiederhole diese Übung regelmäßig und bleib geduldig mit dir selbst. Veränderung ist ein Prozess.

Du hast die Möglichkeit, deine alten Muster zu hinterfragen und neue Wege zu beschreiten. Jeder bewusste Schritt stärkt deine emotionale Resilienz und bringt dich deinem inneren Gleichgewicht näher.

Der Weg zu emotionaler Freiheit

Emotionale Freiheit ist eine Entscheidung. Sie ist kein Zustand, der einfach irgendwann erreicht wird, sondern ein Weg, den du bewusst wählen kannst. Sie beginnt in dem Moment, in dem du erkennst, dass du nicht den Umständen oder deinen Gefühlen ausgeliefert bist, sondern dass du jederzeit Einfluss darauf hast, wie du auf das Leben reagierst. Diese Freiheit ist keine Abwesenheit von Emotionen, sondern die Fähigkeit, sie bewusst zu gestalten, statt von ihnen beherrscht zu werden. Sie bedeutet, dass du nicht länger Spielball deiner inneren Impulse bist, sondern ein aktiver Gestalter deiner eigenen inneren Welt. Du wirst unabhängiger von äußeren Reizen und entwickelst einen stabilen inneren Kompass.

Vielleicht hast du bisher geglaubt, dass du deinen Gefühlen ausgeliefert bist, dass sie einfach kommen, dich überfluten und dann bestimmen, wie du dich verhältst. Doch emotionale Freiheit beginnt mit einem Perspektivwechsel. Sie beginnt in dem Moment, in dem du innehältst und dich fragst: Muss ich diesem Impuls wirklich folgen? Ist das, was ich gerade fühle, wirklich wahr, oder ist es nur die Wiederholung eines alten Musters? Emotionale Freiheit bedeutet nicht, nie wieder Angst oder Wut zu empfinden. Sie bedeutet, diese Gefühle wahrzunehmen, zu würdigen und dann eine bewusste Wahl zu treffen, wie du mit ihnen umgehst.

Jeder Mensch trägt in sich die Kraft, sein eigenes emotionales Erleben zu verändern. Vielleicht hast du gelernt, dass Emotionen einfach passieren, dass sie kommen und gehen, ohne dass du viel daran tun kannst. Doch das ist nur die halbe Wahrheit. Natürlich gibt es äußere Umstände, auf die du keinen direkten Einfluss hast. Aber du hast die Möglichkeit, zu entscheiden, welche Bedeutung du ihnen gibst. Du kannst bewusst wählen, ob du eine Enttäuschung als Niederlage oder als Lernerfahrung betrachtest. Ob du deine Angst als lähmendes Warnsignal oder als Einladung zum Wachstum begreifst. Ob du deine Wut nutzt, um Mauern zu bauen, oder um Veränderung anzustoßen. Diese Wahlmöglichkeiten sind der Schlüssel zur emotionalen Freiheit.

Der erste Schritt zur emotionalen Freiheit besteht darin, dich selbst als Handelnden und nicht als Opfer deiner Emotionen zu begreifen. Solange du glaubst, dass deine Gefühle dich kontrollieren, bleibt emotionale Freiheit unerreichbar. Doch sobald du erkennst, dass du über deine Reaktionen entscheiden kannst, beginnt ein fundamentaler Wandel. Emotionale Freiheit bedeutet nicht, Gefühle zu unterdrücken oder zu ignorieren, sondern sie zu akzeptieren und gleichzeitig zu steuern. Du bist nicht die Angst, nicht die Wut, nicht die Traurigkeit. All das darf da sein, aber es bestimmt nicht, wer du bist. Du darfst fühlen, ohne dich von deinen Gefühlen beherrschen zu lassen.

Stell dir vor, du sitzt in einem Auto. Deine Emotionen sitzen mit dir im Fahrzeug, manchmal laut und aufgeregt, manchmal leise im Hintergrund. Doch wer hält das Steuer? Viele lassen ihre Gefühle fahren, ohne es zu merken. Doch du kannst jederzeit selbst das Steuer übernehmen. Die Emotionen dürfen mitfahren – aber sie bestimmen nicht die Route. Wahre emotionale

Freiheit entsteht im Moment der bewussten Entscheidung: innehalten, die eigene Reaktion hinterfragen und bewusst wählen, wie du dich verhalten möchtest. Dieser Moment der Selbstführung ist wie ein inneres Stoppschild, das dir erlaubt, innezuhalten, bevor du in alte Muster verfällst.

Emotionale Freiheit wächst mit der Fähigkeit, nicht jedem inneren Impuls sofort nachzugeben. Gefühle basieren oft auf alten Erfahrungen, die früher hilfreich waren, heute aber nicht mehr passen. Nur weil du Angst empfindest, bedeutet das nicht, dass eine reale Gefahr besteht. Nur weil du wütend bist, heißt das nicht, dass sofortiges Handeln nötig ist. Du kannst lernen, innezuhalten und zu fragen: Ist diese Reaktion hilfreich? Führt sie mich dorthin, wo ich hinmöchte? Nicht jede Emotion braucht eine Reaktion – manchmal genügt es, sie einfach wahrzunehmen. Diese Form der Achtsamkeit ist ein zentraler Bestandteil emotionaler Freiheit.

Vielleicht merkst du im Alltag immer wieder, wie alte Überzeugungen dein emotionales Erleben beeinflussen. Du glaubst, nicht gut genug zu sein, du glaubst, immer stark sein zu müssen oder keine Schwäche zeigen zu dürfen. Diese inneren Glaubenssätze wirken wie Filter, durch die du deine Erfahrungen deutest. Doch emotionale Freiheit bedeutet auch, diese alten Geschichten loszulassen und neue zu schreiben. Es geht darum, dich selbst neu zu sehen, als Mensch mit Stärken und Schwächen, mit dem Recht auf Entwicklung und Veränderung.

Emotionale Freiheit zeigt sich nicht nur im Denken, sondern im Handeln. Wenn du spürst, dass dich Angst zurückhält, ist emotionale Freiheit der Schritt nach vorn. Wenn du feststeckst in einem Muster, ist Freiheit die Wahl eines neuen Weges. Wenn du dich fremdbestimmt fühlst, ist Freiheit die Rückkehr zu deinen eigenen Werten. Jeder kleine Schritt, jede bewusste Handlung stärkt dein Gefühl, selbstwirksam zu sein. Es sind nicht die großen Umbrüche, sondern die vielen kleinen Entscheidungen im Alltag, die den Unterschied machen.

Emotionale Freiheit bedeutet auch, dir selbst zu erlauben, unvollkommen zu sein. Du musst nicht alles im Griff haben, um dich frei zu fühlen. Manchmal ist es gerade das Zulassen von Verletzlichkeit, das dich wirklich stark macht. Wenn du aufhörst, gegen deine Gefühle zu kämpfen, entsteht Raum. Raum für Klarheit, für Verbundenheit, für innere Ruhe.

Praxisimpuls:

Beobachte in dieser Woche eine starke Emotion (z. B. Ärger, Angst, Schuld) bewusst, ohne ihr sofort zu folgen.

1. Frage dich: Was will mir dieses Gefühl sagen? Welche Geschichte erzähle ich mir dazu?
2. Überprüfe diese Geschichte: Ist sie heute noch wahr? Gibt es eine alternative Deutung?
3. Entscheide dich bewusst für eine Reaktion, die mit deinen Werten übereinstimmt, nicht mit deinem Impuls.
4. Wiederhole diesen Prozess regelmäßig, um das Gefühl von innerer Freiheit zu stärken.

Jede bewusste Entscheidung bringt dich näher an dich selbst heran, und macht dich freier im Umgang mit deinen Gefühlen.

Sinn und Selbstverwirklichung

Jeder Mensch trägt eine tiefe Sehnsucht in sich, die Sehnsucht nach Sinn. Selbst in einem Leben voller Komfort, beruflichem Erfolg und materieller Sicherheit kann das Gefühl aufkommen, dass etwas fehlt. Denn wahre Erfüllung entsteht nicht durch äußere Umstände, sondern aus der inneren Gewissheit, dass das eigene Dasein Bedeutung hat. Sinn ist wie ein inneres Leuchten, das uns Orientierung gibt, wenn wir in Zweifel geraten, das uns Energie schenkt, wenn wir müde sind, und das uns Richtung verleiht, wenn wir uns verlieren. Doch Sinn ist nichts, das uns jemand anderes geben kann, er ist etwas, das wir selbst erschaffen, durch das, was wir leben, lieben und beitragen.

Viktor Frankl, der Begründer der Logotherapie, beschrieb Sinn als eine der wichtigsten Triebkräfte des Menschen. Seine Erkenntnisse stammen nicht aus einem theoretischen Raum, sondern aus den dunkelsten Kapiteln seines Lebens, den Jahren im Konzentrationslager. Frankl beobachtete, dass diejenigen Menschen, die selbst in größtem Leid noch einen Sinn in ihrem Dasein sehen konnten, psychisch widerstandsfähiger waren als jene, die keinen Grund mehr fanden, weiterzuleben. Der Gedanke an eine Aufgabe, die noch zu erfüllen war, die Hoffnung auf eine geliebte Person oder die innere Haltung, nicht aufzugeben, verlieh ihnen Kraft. Seine Worte „Der Mensch ist nicht Opfer seiner Umstände, sondern seiner Entscheidungen" zeigen, dass Sinn auch in Situationen gefunden werden kann, die von außen sinnlos erscheinen.

Es gibt keinen allgemeingültigen Lebenssinn, den wir wie einen Schatz entdecken müssten. Vielmehr ist es unsere Aufgabe, unserem Leben eine eigene Bedeutung zu verleihen. Der Sinn zeigt sich in den Momenten, in denen wir uns tief verbunden, lebendig oder berührt fühlen. Es kann die Freude sein, für andere da zu sein, die Leidenschaft für ein kreatives Projekt oder das tiefe Staunen in der Natur. Sinn entsteht, wenn wir uns mit etwas Größerem verbunden fühlen: mit einem Menschen, mit einer Idee, mit einem Ziel. Und wir gestalten ihn, indem wir Entscheidungen treffen, die im Einklang mit unseren innersten Werten stehen.

Selbstverwirklichung ist die natürliche Folge davon, dem eigenen Sinn zu folgen. Sie ist kein Ziel, das wir anstreben, sondern ein Prozess, der sich entfaltet, wenn wir uns selbst treu sind. Wenn du das lebst, was dich innerlich erfüllt, wenn du nicht länger versuchst, Erwartungen anderer zu erfüllen, sondern deinen eigenen Weg gehst, beginnt Selbstverwirklichung. Frankl betonte, dass sie nicht durch permanente Selbstbeobachtung geschieht, sondern durch das Hinausgehen über uns selbst, durch das Engagement für eine Sache, die mehr ist als unser Ego.

Viele Menschen haben Angst, sich selbst wirklich zu zeigen. Sie fürchten Ablehnung, das Urteil anderer oder das Scheitern. Doch der Weg zur Selbstverwirklichung beginnt mit dem Mut zur Authentizität. Du musst nicht perfekt sein. Du musst nicht alle Antworten haben. Es reicht, dass du ehrlich mit dir bist, dass du spürst, was dir wirklich wichtig ist, und dass du dich Schritt für

Schritt in diese Richtung bewegst. Wahre Erfüllung entsteht dort, wo du deine eigene Wahrheit lebst.

Sinnvolle Momente entstehen nicht nur in den Höhepunkten des Lebens, sondern gerade in den stillen, unscheinbaren Augenblicken. In einer liebevollen Geste, in einer Entscheidung für das Richtige, in einem Moment der inneren Klarheit. Selbst in Zeiten von Leid und Unsicherheit kann Sinn erfahrbar sein. Nicht weil das Leid gut ist, sondern weil du ihm Bedeutung gibst. Die Art, wie du schwierige Zeiten durchstehst, kann ein Ausdruck von Sinn sein, eine stille Form der Selbstverwirklichung.

Selbstverwirklichung ist dabei niemals nur eine Reise zu dir selbst. Sie hat immer auch einen Bezug zur Welt. Wenn du das, was dich ausmacht, mit anderen teilst, wenn du in deinem Umfeld Wirkung erzielst, sei es durch Mitgefühl, Kreativität, Wissen oder Inspiration, entsteht eine tiefe Form der Verbundenheit. Du spürst, dass dein Dasein nicht nur für dich selbst zählt, sondern dass es auch für andere Bedeutung hat. Diese Erfahrung macht den inneren Sinn erfahrbar und verwandelt Selbstverwirklichung in ein Geschenk, das du weitergeben kannst.

Ein sinnerfülltes Leben ist wie ein innerer Kompass. Es gibt dir Richtung, auch wenn die Wege unklar sind. Es schenkt dir Orientierung, wenn du zweifelst, und Kraft, wenn du erschöpft bist. Frankl lehrte: Es ist nicht das Leid an sich, das uns bricht, sondern das Fehlen eines tieferen Warum. Wenn du ein Warum hast, kannst du fast jedes Wie ertragen. Dieser Gedanke schenkt Hoffnung, auch in schweren Zeiten.

Praxisimpuls:

1. Notiere dir drei Situationen, in denen du dich besonders lebendig oder erfüllt gefühlt hast. Was hatten sie gemeinsam?
2. Reflektiere: Welche Werte waren in diesen Momenten besonders spürbar?
3. Frage dich: Was begeistert dich? Wofür würdest du morgens gerne aufstehen?
4. Finde kleine Wege, diese Begeisterung in deinen Alltag zu integrieren – durch konkrete Handlungen, kreative Ausdrucksformen oder wertschätzende Begegnungen.
5. Gib dir selbst die Erlaubnis, deinen eigenen Weg zu gehen – auch wenn er nicht dem Bild entspricht, das andere von dir haben.

Sinn ist nichts Fernes oder Abstraktes. Er beginnt genau dort, wo du bist, mit dem, was dir wichtig ist, mit dem, was dich bewegt. Und in dem Moment, in dem du dich aufmachst, deinem Leben eine selbstgewählte Richtung zu geben, beginnt der Weg zur Selbstverwirklichung.

Integration der erlernten Konzepte

Wenn du dieses Buch bis hierhin aufmerksam gelesen hast, dann hast du sicherlich bemerkt, dass es mir nicht vordergründig um eine rein theoretische Auseinandersetzung mit Emotionen geht. Mein Ziel war es nie, Emotionen bloß zu analysieren oder sie in Kategorien zu ordnen. Vielmehr verstehe ich dieses Buch als eine Einladung, die eigene Gefühlswelt bewusster zu erleben, Emotionen als wertvolle Begleiter zu begreifen und einen stimmigen Umgang mit ihnen zu finden. Es ist eine Einladung, das, was du über dich und deine emotionale Welt gelernt hast, nicht nur zu verstehen, sondern es in deinem Leben lebendig werden zu lassen.

Vielleicht hast du beim Lesen bereits gespürt, dass Emotionen weit mehr sind als flüchtige innere Zustände. Sie formen deine Wahrnehmung, beeinflussen deine Beziehungen, lenken dein Verhalten, oft, ohne dass du dir dessen wirklich bewusst bist. Wer sich seinen Emotionen nicht stellt, bleibt ihren Mustern ausgeliefert. Doch wer beginnt, sie zu verstehen, kann lernen, sie gezielt für sich zu nutzen, anstatt sich von ihnen überwältigen zu lassen. Die gute Nachricht ist: Emotionale Intelligenz ist keine feste Eigenschaft, sondern eine Fähigkeit, die du jederzeit weiterentwickeln kannst.

Wie kann das konkret im Alltag gelingen? Es braucht keine radikalen Veränderungen, um den Umgang mit Emotionen zu verbessern. Oft sind es die kleinen, bewussten Entscheidungen, die langfristig den größten Unterschied machen. Wer seine Emotionen nicht wahrnimmt, kann sie auch nicht steuern. Deshalb beginnt emotionale Intelligenz mit einer achtsamen Selbstwahrnehmung. Eine einfache Übung ist das tägliche emotionale Check-in. Nimm dir morgens und abends einen kurzen Moment, um innezuhalten und dich zu fragen: Was fühle ich gerade? Welche Gedanken begleiten dieses Gefühl? Wo im Körper spüre ich es?

Unser Gehirn konstruiert Emotionen nicht nur aus äußeren Ereignissen, sondern vor allem aus den Bedeutungen, die wir diesen Ereignissen beimessen. Wer beginnt, seine Emotionen bewusst wahrzunehmen, kann ihnen eine neue Deutung geben. Statt sich von Angst lähmen zu lassen, kann man sie als Zeichen für Wachsamkeit verstehen. Statt Wut als zerstörerische Kraft zu erleben, kann man sie als Anstoß für Veränderung nutzen. Die Interpretation der Gefühle liegt in deiner Hand – und damit auch der Weg, wie du mit ihnen umgehst.

Doch das reine Wahrnehmen reicht nicht aus. Der nächste Schritt ist, schwierige Emotionen nicht zu verdrängen, sondern ihnen mit Akzeptanz zu begegnen. Forschungen zeigen, dass Menschen, die ihre Emotionen bewusst annehmen, langfristig psychisch stabiler und resilienter sind. Eine hilfreiche Methode ist die Drei-Minuten-Regel. Wenn du eine intensive Emotion spürst, halte inne, atme tief durch und beobachte sie für drei Minuten, ohne sie zu bewerten oder sofort zu reagieren. Du wirst feststellen, dass sich Emotionen verändern, wenn man ihnen Raum gibt, statt sie wegzuschieben.

Emotionale Balance bedeutet auch, positive Emotionen gezielt zu kultivieren. Die Forschung der Positiven

Psychologie, insbesondere die Arbeiten von Barbara Fredrickson, zeigt, dass positive Emotionen nicht nur das Wohlbefinden steigern, sondern auch unsere Fähigkeit zur emotionalen Selbstregulation verbessern. Dankbarkeit ist dabei ein kraftvoller Hebel. Wer sich jeden Abend drei Dinge bewusst macht, für die er dankbar ist, trainiert sein Gehirn darauf, mehr Positives wahrzunehmen. Auch bewusste Genussmomente helfen: Musik, Bewegung, Zeit in der Natur oder stille Augenblicke voller Achtsamkeit können ausreichen, um deine emotionale Welt zu stärken.

Emotionale Intelligenz betrifft nicht nur dein Innenleben, sondern auch deine Beziehungen. Emotionen sind ansteckend. Menschen, die bewusst mit ihren eigenen Gefühlen umgehen, strahlen Ruhe, Klarheit und Verbundenheit aus. Besonders wichtig ist dabei die Fähigkeit, empathisch mit anderen umzugehen. Einer der einfachsten Wege, dies zu tun, ist aktives Zuhören. Sei präsent, gib dem anderen Raum, höre mit dem Herzen. In Konflikten hilft es, Ich-Botschaften zu verwenden, die deine Gefühle mitteilen, ohne zu verletzen. Statt „Du bist immer so rücksichtslos" zu sagen, kannst du formulieren: „Ich fühle mich übergangen, wenn meine Meinung nicht berücksichtigt wird."

Emotionale Intelligenz ist kein Ziel, das du irgendwann erreichst, sondern eine Lebenshaltung, die du täglich neu wählst. Es geht nicht um Perfektion, sondern um die Bereitschaft, hinzuspüren, zu reflektieren und in kleinen Schritten zu wachsen. Vielleicht wirst du nicht jeden Tag alles richtig machen. Aber du wirst jeden Tag ein Stück bewusster, klarer und verbundener mit dir selbst. Und genau darin liegt die Kraft emotionaler Intelligenz.

Praxisimpuls:

1. Starte und beende deinen Tag mit einem emotionalen Check-in.
2. Übe die Drei-Minuten-Regel bei schwierigen Emotionen.
3. Notiere täglich drei Dinge, für die du dankbar bist.
4. Wähle in Konflikten bewusst Ich-Botschaften.
5. Höre in Gesprächen aktiv zu – mit Herz und Verstand.

Jeder dieser Schritte ist eine Einladung, deine emotionale Welt bewusster zu gestalten. Nicht Perfektion zählt, sondern die Bereitschaft, immer wieder neu hinzuspüren und dich weiterzuentwickeln. Deine emotionale Intelligenz entfaltet sich mit jeder Entscheidung, dir selbst und anderen mit Aufmerksamkeit und Mitgefühl zu begegnen. Tag für Tag.

Deine Reise beginnt jetzt

Wenn du bis hierher gelesen hast, dann hast du bereits den wichtigsten Schritt getan. Du hast dich mit deinen Emotionen auseinandergesetzt und erkannt, dass Gefühle nicht einfach zufällig auftreten, sondern eine tiefgreifende Bedeutung für dein Leben haben. Du hast verstanden, dass Emotionen kein Hindernis, sondern ein innerer Kompass sind, sofern du lernst, sie zu lesen und ihnen zuzuhören. Vielleicht hast du beim Lesen dieses Buchs innegehalten, deine eigenen Muster erkannt oder dich von einer neuen Perspektive inspirieren lassen.

Doch Wissen allein führt nicht zur Veränderung. Wirklicher Wandel geschieht im Alltag, in den kleinen Entscheidungen, im achtsamen Innehalten, im mutigen Hinschauen. Veränderung beginnt, wenn du dich entscheidest, eine Emotion bewusst anzunehmen, statt sie zu verdrängen. Wenn du dich dafür entscheidest, in schwierigen Momenten mitfühlend mit dir selbst zu sein, statt dich zu verurteilen. Jeder kleine Schritt zählt. Jeder bewusste Moment ist ein Beitrag zu deiner inneren Entwicklung.

Es gibt keinen perfekten Zeitpunkt, um damit zu beginnen. Es gibt nur diesen einen, das Jetzt. Vielleicht fühlt es sich ungewohnt an, vielleicht wirst du Rückschritte erleben. Doch emotionale Reife entsteht nicht durch Perfektion, sondern durch das Dranbleiben. Du musst nicht alles auf einmal umsetzen. Beginne mit einem ersten Schritt, und mache ihn bewusst.

Emotionale Intelligenz bedeutet nicht, immer alles unter Kontrolle zu haben, sondern sich selbst mit Offenheit und Akzeptanz zu begegnen. Sie zeigt sich nicht darin, nie wieder wütend, traurig oder enttäuscht zu sein, sondern darin, mit diesen Gefühlen auf eine gesunde Weise umgehen zu lernen. Es ist eine Haltung, ein ständiger Lernweg, eine bewusste Entscheidung für Wachstum.

Starte klein. Vielleicht mit einem morgendlichen Check-in, einem Moment der Stille, einem freundlichen inneren Satz. Vielleicht mit dem Mut, bei einem Konflikt deine Gefühle in Worte zu fassen, statt sie herunterzuschlucken. Oder mit der Entscheidung, dich selbst an schwierigen Tagen nicht aufzugeben. Und wenn du zweifelst, erinnere dich daran, wie weit du schon gekommen bist. Der Weg zählt. Dein Weg.

Praxisimpuls:

1. Wähle einen festen Zeitpunkt am Tag für ein emotionales Check-in. Notiere stichwortartig, was du fühlst und was dich gerade beschäftigt.
2. Entscheide dich bei der nächsten emotional herausfordernden Situation bewusst für eine Pause, bevor du reagierst.
3. Ersetze eine negative Selbstbewertung durch einen freundlichen Gedanken. Sprich innerlich mit dir wie mit einem guten Freund.
4. Suche dir eine kleine tägliche Handlung (z. B. Tee trinken, spazieren gehen, Musik hören), die du bewusst mit einem positiven Gefühl verknüpfst.

Du hast bereits alles in dir, was du brauchst, um diesen Weg zu gehen. Erlaube dir, Fehler zu machen. Erlaube dir, zu wachsen. Erlaube dir, deine Emotionen als das zu sehen, was sie sind: ein lebendiger, bedeutungsvoller Teil deines Seins. Deine Reise endet nicht mit diesem Buch. Sie beginnt jetzt. Und jeder bewusste Schritt bringt dich näher zu dir selbst und zu einem Leben, das sich wirklich stimmig anfühlt.